Айнские сказки

아이누인 이야기

<지식을만드는지식 소설선집>은
인류의 유산으로 남을 만한 작품만을 선정합니다.
오랜 시간 그 작품을 연구한 전문가가
정확한 번역, 전문적인 해설, 풍부한 작가 소개, 친절한 주석을
제공하는 고급 소설 선집입니다.

지식을만드는지식 소설선집

시베리아 설화집

Айнские сказки

아이누인 이야기

작자 미상

안동진 옮김

대한민국, 서울, 지식을만드는지식, 2018

편집자 일러두기

• 이 책은 ≪Пилсудский Б. Фольклор сахалинских айнов. - Южно-Сахалинск≫(Сахалинское областное книжное изд-во, 2002)를 원전으로 옮긴이가 가려 뽑아 번역했습니다.

• 주석은 모두 옮긴이가 단 것입니다.

• 외래어 표기는 현행 한글어문규정의 외래어표기법을 따랐습니다.

차 례

서로 닮은 사람들 · 3
달 사람 · 8
부엉이의 결혼 · 13
세 자매 · 17
처녀와 악마 · 22
눈 남자 · 26
치시포 · 27
흑담비 사냥에서 · 30
젊은 까마귀 · 34
가자미와 망둥이 · 37
세 남자 · 39
쥐 · 42
화가 나서 싸운 이야기 · · · · · · · · · · · · · · · · 44
바다사자 · 48
세 남자 · 51
산노이페 여자 · 53
두 자루의 칼 · 55

물범의 섬 · 61
다섯 명의 아이누인 · · · · · · · · · · · · · · · · 66
곰 축제 · 70
'예쁜 얼굴'이라는 이름의 처녀 · · · · · · · · · · · 72
두 남자 · 75
어느 마을에서 · · · · · · · · · · · · · · · · · · 76

해설 · 81
옮긴이에 대해 · · · · · · · · · · · · · · · · · · 95

아이누인 이야기

서로 닮은 사람들

나는 부자였고 투루파 마을에서 살았다.

해변의 다른 마을에는 아름다운 처녀가 살고 있었다. 모두 그 처녀가 내 약혼녀가 될 것이라고 알고 있었다.

어느 날 나는 그녀를 만나 보고 싶어졌다. 그녀를 보면 '어쩌면 결혼할 때가 되었어'라고 생각하게 될 것이기 때문이었다.

나는 좋은 옷을 입었다. 허리띠에는 섬세한 조각을 한 담뱃갑을 차고 내 약혼녀가 살고 있는 바닷가의 그 마을로 출발했다.

활기차게 걸었다. 벌써 마을까지는 얼마 남지 않았다. 그런데 갑자기 무엇인가를 발견하게 되었다. 오솔길 위 내 앞에 내 발자국이 있는 것이 아닌가.

어떻게 내 발자국이 내 앞에 있을 수가 있을까?

너무 놀랐다. 어쩐지 겁이 덜컥 나고 두려워졌다. 그래도 나는 내 발자국을 따라 걸어갔다. 그런데 그 발자국은 곧장 그 마을로, 내 약혼녀의 집으로 향해 있었다.

이때 마침 그 집에서 처녀가 나왔다. 처녀는 나를 주의 깊고 의심스럽게 쳐다보았다. 눈을 내리깔면서 나를 머리부터 발끝까지 살펴보았다. 그런 다음 눈을 들어 올리면서 나를 발끝부터 머리까지 살펴보았다.

처녀는 집 안으로 들어가서 아버지에게 말했다.

"또 한 사람이 왔어요. 도착한 이 사람은 아버지 앞에 앉아 있는 사람하고 너무 닮았어요. 그 사람이 허리띠에 찬 담뱃갑까지도 똑같이 섬세한 조각을 한 것이에요."

그러자 아버지가 말했다.

"들어오라고 해라."

투루파에서 온 부자인 나는 집 안으로 들어갔다. 주인은 나를 찬찬히 보더니 자기 앞에 앉아 있는 사람을 쳐다보았고 이렇게 말했다.

"너무나 닮은 남자들이군요. 게다가 한날에 도착하다니. 누가 내 사위가 될 것인지 모르겠소."

나도 그 사람을 쳐다보았다. 그리고 이렇게 말했다.

"당신은 누구요? 왜 나랑 닮은 것이오?"

그 사람이 물었다.

"그러는 당신은 누구요? 왜 나랑 닮은 것이오?"

우리는 목소리까지 똑같았다.

내가 말했다.

"나는 투루파에서 온 부자요. 내 약혼녀한테 왔소이다. 나는 이 처녀와 결혼할 것이오."

그 사람이 말했다.

“아니오. 내가 투루파에서 온 부자요. 나는 내 약혼녀를 찾아온 것이고 이 처녀와 결혼할 것이오.”

집주인이 소리쳤다.

“그만들 싸우시오. 조용히들 하시오!”

집주인은 생각에 잠겨서 담배를 피웠다. 어떻게 하면 좋단 말인가? 이렇게도 닮은 남자들 중에서 누구를 사위로 삼는단 말인가? 그러더니 결국 이렇게 말했다.

“나는 정말로 아무것도 모르겠소. 딸도 당신들 중 누가 약혼자인지 모르오. 그리고 나도 당신들 중 누가 내 사위가 될지 모르겠소. 그것을 밝히기 위해 무슨 경기라도 해 보시오. 내가 살펴볼 테니. 자, 어서 해 보시오!”

그래서 나는 두 손을 화덕 위로 뻗었다. 그러자 먼저 온 사람이 내 손을 때렸다. 아휴. 얼마나 세게 때렸는지! 눈앞이 캄캄해질 정도로 그렇게 인정사정없이 세게 때렸다. 아파서 죽을 것만 같았다.

하지만 나는 물러섰다. 화가 치민 나는 그에게 손을 화덕 위로 내밀라고 명령했다. 그는 손을 내밀었다. 그래서 나도 손가락이 부러질 정도로 세게 그를 때렸다. 그는 넘어졌고, 죽었는지 기절을 했는지 알 수가 없었다.

그 사람은 저녁이 다 되도록 꿈쩍도 않고 누워 있었다. 저녁에 발을 움직거렸고 그런 다음에 조금씩 몸을 일으켰다. 그 사람은 나를 죽은 눈빛으로 쳐다보더니 이렇게 말했다.

"투루파에서 온 부자야! 나는 바다를 다스리는 신이다. 너는 사람일 뿐이다. 나는 네가 그렇게 힘이 센지 생각도 못 했다. 나를 저승으로 보낼 뻔했구나. 그러나 내 스스로 잘못 한 것이니 너한테 신의 선물을 주겠노라!"

이 말과 함께 그는 품에서 아름다운 자루가 달린 칼을 꺼냈다. 자루의 한쪽에는 여러 신이 묘사되어 있었고 다른 쪽에는 그들의 쌍둥이들이 묘사되어 있었다.

그는 내게 칼을 건넸다. 나는 칼을 받았다. 그리고 바다를 다스리는 신에게 감사해했다.

그러나 나도 그를 쓰러지도록 때린 잘못이 있었기에 이나우[1])를 만들어서 그에게 선물했다.

그 후에 그는 물 쪽으로 출발했고 나는 그가 물속으로 더 깊숙이 들어가는 것을 쳐다보았다. 그리고 파도 아래로 사라졌다.

내 약혼녀의 아버지는 이렇게 말했다.

"나는 첫 번째로 온 사람이 내 딸을 시집보낼 부자라고

---

1) 이나우 : 아이누인들은 나무를 대패로 깎아 장대에 매달아 집 앞이나 마을 앞에 걸어 두는데 주술적 의미가 강하다.

생각했소. 그런데 그는 신이었구려. 내가 실수할 뻔했소. 이제 나는 두 번째로 온 당신이 투루파에서 온 진짜 부자라는 것을 알게 되었고 당신을 위해 내 딸을 키웠던 셈이로군요."

나는 그 처녀와 결혼했다. 우리는 오랫동안 함께 살았다.

달 사람

내 부모는 돌아가셨고 나는 누나와 함께 살고 있었다. 매일 아침 누나는 양동이와 바가지를 가지고 물을 길으러 강으로 갔다.

어느 날 누나가 그렇게 나가더니 돌아오지 않았다. 나는 사흘 낮, 사흘 밤을 기다렸고 너무 걱정이 되기 시작했다. 누나는 오지 않았다. 그리고 어느 누구도 어디에서도 누나를 본 사람이 없었다.

나는 이나우를 만들어서 불에 바쳤다. 그리고 내 누이가 어디에 있는지 말해 달라고 빌었다. 불꽃은 대답이 없었다. 아마도 모르는 것 같았다.

나는 숲으로 갔다. 붉은 전나무에게 물었다. 붉은 전나무도 모르고 있었다. 은빛 전나무에게 물었다. 은빛 전나무도 알지 못했다.

나는 완전히 절망에 빠졌다. 누이를 찾을 수가 없었다. 흔적도 없이 사라져 버렸다.

버드나무 숲을 헤맸다. 버드나무를 위해 대패질해 이나우를 만들었다. 그러자 버드나무가 말했다.

"나는 말하기를 좋아해. 자, 이제 들어 봐. 네 누이는 달에 있어. 달 사람이 네 누이를 아내로 삼으려고 데려갔어."

어떻게 하겠는가? 이제 누이를 어떻게 만날 것이며 어떻게 누이를 도울 수가 있겠는가? 나는 생각하고 또 생각하다가 묘안을 생각해 냈다.

나는 집으로 돌아갔다. 검은 새 깃이 달린 화살 하나와 흰 새 깃이 달린 화살 하나를 가져왔다. 그리고 활을 들고 들판으로 나갔다. 두 대의 화살을 활시위에 놓고 힘껏 세게 잡아당기고 두 화살의 양 끝을 꽉 붙잡았다. 그 화살들은 나를 구름 너머 저 멀리 곧장 달로 데려갔다.

나는 달을 이리저리 걸어 다녔다. 이쪽저쪽을 쳐다보았다. 아무도 보이지 않았다. 아무도 없는 것 같았다. 어쩌면 정말 아무도 없는 것이 아닐까? 버드나무가 나를 속였을지도 모른다!

그런데 갑자기 집을 발견했다. 그리로 가까이 갔다. 막 집 안을 들여다보려고 했는데 그 안에서 내 누이가 나왔다. 누이의 손에는 작은 여자애가 안겨 있었다. 여자애의 얼굴에서 빛이 흘러나왔고 내 머리에도 닿았다. 그 눈이 얼마나 아름다웠는지 모른다! 나는 그런 여자애를 한 번도 본 적이 없었다.

"이렇게 네가 나를 찾아냈구나. 나는 무척 기쁘단다. 집으로 들어가자."

누이가 말했다.

나는 기분이 좋아졌다. 달 사람의 집으로 들어갔다. 그 사람은 철 의자에 앉아서 다정하게 미소를 지었다. 그런 만남에 만족했던 나는 앉아서 집을 둘러보았다. 이나우가 설치되어 있던 구석 근처에는 내가 한 번도 본 적이 없는 커다란 상자가 천장까지 높이 솟아 있었다. 여자들의 구석에는 그것보다 조금 더 작은 다른 상자가 놓여 있었다. 그러나 나는 그런 상자도 한 번도 본 적이 없었다.

여기서 무슨 말을 물어본단 말인가? 어떻게 사느냐고 묻는단 말인가? 뻔히 모든 것을 알 수 있었다. 그들은 부유하게 잘살고 있었다. 그런 상자에는 온갖 짐승의 가죽이 수없이 있게 마련이다. 그 안에는 또 단도며, 활이며, 화살이며, 화살통이 담겨 있을 것이다. 아, 셀 수가 없을 것이다!

신과 흡사한 달 사람은 여전히 나를 쳐다보았고 미소를 짓고 있었다. 매우 친절했다. 마치 전에 어디선가 나를 만난 적이 있는 것 같았다. 나는 '어디서 그가 나를 만났단 말인가?' 하고 생각했다. 기억이 떠오르질 않았다. 아니다, 만난 적이 없었다. 아마도 그는 달에서 나를 보았을지도 모른다.

그런 다음 내 누이, 그 집의 안주인은 내게 먹을 것을 주었다. 나는 맛나게 먹었다. 배가 곧바로 불러 왔다.

그러자 달 사람이 말했다.

"나는 네 누이를 좋아한다. 그래서 내 집으로 누이도 데려오고, 양동이와 바가지를 함께 가져왔다. 나는 네 누이와 결혼했고 우리는 매우 행복하게 살고 있다. 그런데 너는 무엇을 원하는 것이냐?"

내가 말했다.

"모르겠어요. 나는 누이를 만나고 싶었을 뿐이에요. 그래서 찾아다녔어요."

달 사람이 조용히 말을 않더니 또다시 미소를 지었고 이렇게 말했다.

"여자애와 결혼해라. 그 여자애가 너와 함께 불행해진다고 하더라도 어쨌든 너를 돌봐줄 누군가가 있는 것이니까."

내가 말했다.

"그 여자애는 너무 어리잖아요. 오랫동안 기다려야만 해요."

달 사람이 말했다.

"곧 자랄 것이다. 사흘 후면 다 자랄 거야."

그러더니 정말로 사흘이 지나자 그 여자애는 다 자랐다. 너무나 아름다웠다. 아마도 달에만 그렇게 아름다운 처녀들이 있는가 보다!

그래서 나는 결혼했고 달 사람은 내 친척이 되었다.

달 사람과 내 누이한테도 아이들이 태어났다. 아들 하나

딸 하나였다. 나와 아내한테는 아이들이 없었다. 우리는 폭삭 늙을 때까지 그렇게 살았다. 그렇게 해서 나이를 아주 많이 먹게 되었다.

부엉이의 결혼

나는 부엉이다. 물고기가 풍부한 바닷가에서 자유롭고 행복한 생을 보냈다. 호로카루루 마을 근처였다. 나는 숲 근처에 있던 주거지 옆 나무에 앉아 있기를 좋아했다. 앉아서 사람들을 쳐다보곤 했다. 어떤 사람은 강에 낚시를 하러 갔고 어떤 사람은 물고기를 이미 끓이고 있었지만 어떤 사람은 아무것도 하지 않고 담배 파이프에서 연기만 피워 내고 있었다.

한번은 한 처녀를 보았다. 아이고! 얼마나 아름다운 처녀였는지 모른다! 그렇게 아름다운 처녀는 아마도 이쪽 강가 끝에서 저쪽 강가 끝까지 해도 찾을 수 없을 것이다. 나는 처녀를 쳐다보고 또 쳐다보았고 몸짓 하나하나에서 눈길을 떼지 않았다. 처녀가 어디론가 가면 나도 처녀에게서 약간 떨어져서 뒤따라 다녔다. 처녀가 집으로 들어가면 나는 나무에 내려앉아 그녀를 기다렸다. 처녀가 오랫동안 나오지 않을수록 나는 더욱더 애달파했다. 특히 밤에 더 애수에 잠겼다. 하지만 나는 나무에 앉아서 새벽을 기다렸고 처녀를 기다렸다.

나는 내가 처녀를 사랑하게 되었다는 것을 알게 되었다.

너무나 사랑해서 처녀가 보이지 않으면 날고 싶지도 않았고 물고기를 잡고 싶지도 않게 되었다. 심지어 살고 싶지도 않았다. 그렇게 깊이 처녀를 사랑하게 되었다!

처녀는 오빠와 함께 살고 있었다. 오빠의 이름은 야이레수포였다. 이름의 뜻은 '스스로 자란 사람'이다. 그 이름의 뜻이 맞는 것 같았다. 그는 똑똑하고 독립적이고 용감했다. 모든 사람들이 그를 존경했다. 어떻게 그런 사람과 말을 틀 수 있을까? 나는 결심했다. 그 사람의 집으로 날아 들어가서 그 사람의 맞은편에 앉았다.

'스스로 자란 사람'은 내가 완전히 새는 아니라는 것을 눈치챈 것 같았다. 어쩌면 그는 내가 누군가의 영혼이라고 생각했을 수도 있다. 그는 내게 정중하게 아침 인사를 했다. 그게 다였다. 더 이상 아무 말도 하지 않았다.

그래서 내가 이야기를 꺼냈다.

"비록 내가 훌륭하거나 힘이 센 것은 아니지만 당신의 누이를 내 집, 즉 아내가 앉도록 정해진 출입문 근처에서 보고 싶다오."

그러자 '스스로 자란 사람'은 인상을 찌푸리더니 버럭 화를 냈다.

"아휴… 네가! 뺏뺏한 털에 아무짝에도 쓸모없는 새인 주제에. 어떻게 그렇게 작은 네 머릿속에 그런 생각이 들었을까? 나는 내 누이가 너한테 시집간다는 것은 생각조차 못하겠다. 시집이라고? 썩 나가지 못해!"

이런 모욕적인 말을 듣고 나도 몹시 화가 났다. 나는 시끄러운 소리를 내며 나와서 이리저리 날아다니다가 절벽에 부딪칠 뻔했다가 바다로 날아가려고 했지만, 대패로 깎은 나무껍질(이나우)로 장식된 장대를 발견하고는 그 위에 앉았다. 모든 아이누인들에게 이것은 신을 만족시키기 위한 부적이며 그들의 연약함과 사람들의 약함을 이해하는 길동무이자 중개자다. 그 안에는 신에게 영향을 미칠 줄 아는 능력이 깃들어 있기에 그것에 대고 무엇인가를 바라거나, 원하는 것을 빌어야만 한다는 것을 의미한다. 그렇다. 그 순간에 나는 이나우 없이는 내가 아무것도 얻지 못할 것이라는 확신이 들었다.

내가 얼마나 크게 귀청을 찢듯이 소리를 치고 신음 소리를 내고 울부짖었던지 내가 외치는 소리에 숲의 덩치 큰 짐승들은 정신을 바짝 차리고 긴장을 했고, 작은 짐승들은 깜짝 놀라서 무서워했고, 물속에서는 물고기들이 펄쩍 뛰어올랐고 집에서는 사람들이 뛰쳐나왔다. 하지만 나는 계속 소리치고 소리쳤다. 나는 신들에게 나를 도와 달라고 빌었고 야이레수포에게 저주를 퍼부었다.

'스스로 자란 사람'은 내 외침 소리 때문에 고통스러워했다. 그는 잠들 수가 없었고 손으로 귀를 틀어막으면서 밤새 집 안을 여기저기 서성였다. 그는 어디라도 머리를 처박고 싶은 심정이었다. 그런데 어디다 머리를 처박는단 말인가?

여명이 가까워졌을 때 그는 이미 힘이 다 빠져서 기진맥진해졌고 평안을, 건강을, 이성을 유지했던 그의 정신이 병이 들어 버렸다. 그러자 그 사람은 집에서 뛰쳐나와서 이렇게 말했다.

"부엉이야, 이제 더 이상 화를 내지 마. 그만둬!"

나는 그에게 내려앉았다.

그러자 이때 '스스로 자란 사람'이 이렇게 말했다.

"내 누이를 네 집에 데려가는 것을 허락할게."

그 말을 듣자 내 속에 쌓여 있던 모욕감이 모두 사라졌다. 나는 사람으로 변해서 내가 사랑에 빠졌던 여자와 결혼했다. 우리는 잘 살게 되었고 나는 어디나 아내를 데리고 다녔다.

그렇게 나는 새에서 사람이 되었다. 이제 나는 사람들과 같은 피를 나누었고 그들의 친척이다. 나는 이것을 자랑스럽게 여긴다.

세 자매

세 여자가 살고 있었다. 가장 어린 여자는 집에 있었다. 위의 두 여자는 이미 성인이었고 매일 장작을 주우러 가거나 물고기를 잡으러 다녔다. 어느 날 두 여자가 일터에서 집으로 돌아올 때 어린 여자는 그들의 기쁜 대화를 듣게 되었고 그들이 어린애를 안아 데려오는 것을 보고 깜짝 놀랐다. 그들은 이렇게 말했다.

"얼마나 잘된 일이야! 아이를 키워서 나중에 장작을 주워오고 물고기를 잡아 오도록 시키자!"

그들은 아이를 막내 여동생과 함께 놓아두고 계속해서 아이를 예뻐했다.

다음 날 두 자매는 또다시 장작을 모으러 나갔다. 아이는 불 옆에서 강보에 싸여 있었다. 막내 여동생은 음식을 끓이고 있었다. 음식을 다 끓인 후 막내 여동생은 음식을 위 선반과 아래 선반에 놓아두고 물을 길으러 나갔다. 마당으로 나왔을 때 막내 여동생은 집 안에서 나는 무슨 소리를 듣게 되었다. 그녀는 조용히 문 쪽으로 다가가서 틈새로 안을 들여다보았다. 어린아이가 사람을 잡아먹는 커다란 악마로 변해서 방금 선반에 올려놓은 음식을 먹어 치우고 있었다. 그녀는 일부러 커다랗게 발소리를 내면서 더 멀리 가는 척했고 조용히 집으로 들어갔다. 아이는 또다시 조용히 불 옆에 누워 있었다. 그녀는 몹시 놀랐고, 언니들이 돌아왔을 때 자신이 본 것을 모두 이야기했다. 언니들은 믿지 않았다.

"에이, 너 거짓말하는 거지? 어떻게 그럴 수가 있어? 이렇게 작은 아이가. 무슨 말을 하는 거야? 어떻게 어린아이가 커다란 악마로 변하겠어!"

그러나 다음 날 둘째 언니가 집을 지키기 위해 남았고 막내는 큰언니와 숲으로 일하러 갔다. 둘째 언니는 점심을 준비하기 시작했고, 음식을 다 끓인 후 선반에 올려놓고 밖으로 물을 길으러 나갔다. 아이는 계속 불 옆에 누워 있었다. 조금 가다가 그녀는 집 안에서 소리가 나는 것을 들었다. 문으로 다가가서 틈으로 엿듣기 시작했다. 안을 보니 정말로 커다란 악마가 음식을 먹어 치우고 있었다. 일부러 커다란 소리를 내면서 나가는 척하다가 집으로 들어왔는데, 아이는 이미 예전의 자리에 누워 있었다. 둘째 언니는 몹시 놀라서 자매들에게 본 것을 모두 이야기했다. 큰언니는 그래도 믿지를 못했다. 다음 날 큰언니는 자신이 직접 집에 남기로 결심했고 두 자매는 장작을 주우러 갔다. 자매가 나가자 큰언니에게도 두 자매가 있었을 때와 똑같은 일이 벌어졌다. 두 자매가 돌아왔을 때 큰언니는 그들에게 이렇게 말했다.

"나는 너희가 거짓말을 한다고 생각했는데, 이런 일이 일어나다니. 이제 우리는 어떻게 하면 좋지? 도망쳐야겠어."

다음 날 여자들은 옹이가 많은 장작을 모아서 커다란 불을 지피고서 아이와 놀아 주기 시작했다.

큰언니가 무릎 위에서 아이를 높이 던졌다 내렸다 하면서 노래를 불렀다.

"나무 아래서 찾은 어린애야."

둘째 언니한테 아이가 전해졌을 때 그녀가 노래했다.

"아이의 손이 묶였다네."

막내가 아이를 붙잡더니 노래를 부르기 시작했다.

"아야, 작은 악마야. 아야, 작은 악마야."

이렇게 말하면서 아이를 불꽃에 던져 버렸다.

악마는 불 속에서 이리저리 왔다 갔다 했다. 여자들은 재빨리 집에서 저 멀리 도망쳤다. 그들은 커다란 강의 계곡을 따라 올라갔다. 그때 둘째가 집에 구슬 목걸이를 두고 온 것이 떠올라서 자매들에게 구슬 목걸이를 가지러 집으로 돌아가자고 부탁했다. 그러나 언니도 동생도 함께 가지 않겠다고 거절하자 둘째는 기분이 나빠져서 혼자 집으로 출발했다. 둘째는 지붕으로 기어 올라가서 연통을 통해 쭈그러든 악마가 아궁이 불을 파헤치고 있는 것을 보게 되었다. 둘째의 구슬 목걸이는 악마의 목에 걸려 있었다. 둘째는 거미로 변해서 거미줄을 타고 밑으로 내려가서 악마의 가슴까지 기어갔다. 그때 악마는 신음 소리를 냈다.

"아이고. 아이누 여자들. 이 여자들 덕분에 내 가죽이 모두 벗겨졌는데 이제 거미들까지 부스럼 딱지 위를 기어 다니는구나! 아이고, 내가 그 여자들을 잡으려고 생각했건만 그 여자들한테 그대로 당했구나! 아이고!"

악마의 목에서 구슬 목걸이를 벗겨 내서 여자는 자신의 자매들을 향해 도망치기 시작했지만 악마가 뒤쫓아왔다.

"악마가 나를 쫓아오고 있어!"

둘째가 자매들에게 소리쳤다. 자매들은 셋이서 도망을 쳤고 강까지 이르렀다. 막내가 자기 이를 빼서 부러뜨린 후 강에 던졌더니 이가 커다란 바위로 변했다. 자매들은 그 위로 기어 올라가서 앉아 있었다. 그렇지만 악마가 그들을 발견했고 악마 마을에 도움을 청하러 갔다. 악마는 수많은 악마들을 불러 모았다. 어떤 악마들은 나무에 타르를 바른 도끼를 들고 왔는데 심지어 새끼 악마들까지 나타났다. 악마들은 물 위에 비친 여자들의 그림자를 보고 물속으로 뛰어들었다. 잠수했다가 모래 더미만 끌고 나왔다.

"이게 뭐야. 모래뿐이잖아!"

악마들은 소리 질렀다.

다시 한번 잠수를 했고 돌멩이 더미만 들고 나왔다.

“이게 뭐야? 돌멩이뿐이잖아!”

악마들은 억울해했다.

그러자 악마들은 자매들이 앉아 있는 바위를 깨기 시작했다. 그들은 바위를 부쉈지만 바위가 깨져 떨어지면서 악마들을 모두 깔아뭉개 버렸다. 악마가 한 마리도 남지 않게 되었다. 여자들은 건너편 바다로 떠나서 결혼을 했고 아주 잘 살았다고 한다.

처녀와 악마

한 여자가 외로이 살고 있었다. 어느 날 그 여자는 해변으로 갔다. 그때 자신에게 다가오는 한 목소리를 들었다. 마치 누군가가 노래를 부르는 듯했고 다른 사람은 때때로 동의하는 소리를 쳤다. 여자는 깜짝 놀라서 집으로 도망쳤고 문손잡이가 되었다. 그녀의 뒤를 쫓아서 사람들을 잡아먹는 커다란 악마가 나타났다. 악마는 온 구석구석 여자를 찾아다녔는데 집으로 들어올 때 문을 밀면서 잡았던 문손잡이가 여자인 것을 짐작하지 못한 채 헛수고만 하고 돌아갔다.

얼마의 시간이 흐른 뒤 여자는 가까이서 악마의 목소리를 또다시 들었다. 그녀는 여자들의 물건을 두는 구석으로 가서 식용 식물의 줄기로 변했다. 줄기에서 곧 보랏빛 꽃이 자랐고 구석에서 눈에 띄게 아름다움을 과시했다. 악마는 집으로 들어갔지만 여자를 찾지 못했고 결국 꽃에 관심을 돌렸다.

"아주 매력적이군."

악마가 말했다.

"이 꽃의 줄기를 파내서 먹어 보면 어떨까?"

악마는 줄기를 파기 시작했지만 줄기와 뿌리가 너무 길

어서 그 일이 지겨워졌다. 악마는 분해서 꽃에다가 오줌을 누었다.

악마는 이렇게 말했다.

"지금까지는 내가 여자 고기의 독특한 냄새로 여자를 찾을 것이라고 생각했는데 만약 그것이 실수였다면, 이제는 아마도 여자가 이 줄기를 먹으면 내 오줌 냄새가 날 것이다. 그것으로 그 여자를 금방 찾을 수 있을 것이다."

악마는 떠났고 그의 뒤를 이어서 여자도 곧 떠났다. 여자는 작은 새로 변해서 악마를 앞질러 갔고 커다란 나무로 변해서 악마가 가는 길에 가로로 누워 있었다. 나무에까지 온 악마는 기어서 나무를 넘어가야만 했다.

"참으로 이상하군. 내가 방금 전에 지나갔을 때는 누워 있는 나무가 없었는데, 어디서 나타난 것이지?"

여자는 또다시 새로 변해서 소리쳤다.

"치비피."

악마는 새를 쳐다보았고 새에게 다음과 같은 말을 했다.

"에이, 작은 새야! 너는 날짐승이니 어디든 갈 수 있잖아. 만약 지금 산노이페툰 여자를 찾으면 내게 말해 줘."

새는 대답했다.

"당신이 커다란 강의 계곡까지 도달하면 거기서 커다란 나무를 보게 될 거예요. 그 나무의 뿌리를 캐서 넘어뜨리면

바라던 여자를 찾을 수 있을 거예요."

그리고 새는 앞으로 날아가서 거대한 나무로 변해서 악마를 기다렸다. 악마는 나무를 파내기 시작했고 나무는 넘어져서 악마를 깔아 죽도록 짓눌렀다. 그런 다음 처녀는 악마의 가죽을 벗기고 고리를 잘라서 등에 메고, 그의 옷을 입고 그의 모자를 쓰고 악마들의 마을로 향했다. 마을 한가운데 있는 커다란 집이 그녀가 죽인 악마의 집일 것이라고 생각하고 그 안으로 들어갔다. 악마의 행동을 흉내 내서 그녀는 짐을 현관까지 지고 가서 크게 한숨을 쉬고 다음과 같이 말했다.

"며칠을 걸어 다녔지만 산노이페튼 처녀를 죽일 수가 없었다. 그런데 오늘 마침내 해냈구나. 이 고기를 잘라서 끓이고 잔치에 모든 사람들을 부르시오. 죽을 날이 가까웠으니 모두가 와서 한 번이라도 내가 잡은 사냥감을 맛보라고 하시오. 어린아이들도 이 처녀의 고기를 입술에 대라고 하시오. 다만 모두가 함께 먹을 때까지 한 조각도 먼저 맛보아서는 안 되오."

그러자 악마 손님들이 온 집을 가득 메웠다. 장님들까지 데려왔다. 그 처녀는 모두에게 음식을 나눠 주기 전까지 그 누구도 먼저 먹어서는 안 된다고 다시 한번 상기시켰다. 모두가 동시에 먹기 시작했고 젖먹이들의 입에도 수프 거품이

묻었을 때 모두가 한순간에 죽고 말았다. 처녀는 그렇게 악마들로부터 해방되어 집으로 가서 어떠한 위험도 없이 살게 되었다.

눈 남자

한 여자가 살고 있었다. 어느 날 그 여자의 집에 창백한 한 남자가 들어왔고 여자와 결혼했다. 어느 화창한 날 남편은 장작을 패러 다녀오겠다고 말한 다음 도끼를 들고 집을 나섰다. 곧 여자는 어떤 이상한 목소리를 들었다. 여자가 밖으로 나갔더니 분명하게 말하는 소리가 들렸다.

"나는 눈이고 이제 녹을 것이고 사라질 것이다."

정말로 여자는 언덕의 비탈에서 녹고 있는 눈 더미를 발견하게 되었다. 그때 여자는 그녀의 남편이 눈 남자였다는 사실을 알게 되었다.

치시포

산노이페 지역에 결혼한 남자가 한 명 살고 있었다. 그에게는 아버지가 만들어 놓은 그물이 있었다. 그는 물고기를 잡아서 먹고 살았다. 성심껏 가족을 부양했기에 모두가 잘 살고 있었다. 어느 날 그물을 보러 갔더니 고약한 냄새가 나는 한 치시포[2)]가 앉아 있었다.

남자가 그에게 물었다.

"무엇으로 당신을 끌어내 줄까? 삽으로 끌어내 줄까?"

그물에 앉아 있던 치시포가 말했다.

"아니오. 삽은 작다오."

"그럼 내가 당신을 끌어내 줄까? 손으로? 아님 무엇으로?"

"아니오. 손은 미끄럽다오."

"그럼 무엇으로? 내 고추로라도 끌어내란 말이오?"

"오래전부터 바로 그것에 대해 생각했다오."

우리 남자는 고추로 그 남자를 끌어내서 바구니에 넣고 집으로 갔다. 집에는 아내가 없었다. 아내는 월귤을 따러 갔

---

2) 치시포 : 아이누족이 아닌 다른 민족의 사람을 말한다.

던 것이다. 남자는 치시포를 판자 침대 밑에 숨겼다. 아내가 돌아와서 월귤을 먹으라고 주었다. 저녁이 되자 그들은 함께 잠자리에 들었다. 비록 아내와 밤에 잠자리를 했지만 그는 자기 고추로 판자 침대 밑에서 치시포를 꺼내서 쪽 소리 내며 입을 맞추었더니 너무 좋았다. 하지만 자기 아이를 생각하고는 이 일을 그만두었다.

다음 날 그는 아내를 심하게 때렸다. 아내는 마치 핏빛 옷을 입고 있는 것처럼 보일 지경이었다. 아내는 너무나 화가 나서 집에서 나가 버렸다. 우리의 남자는 아들과 치시포와 남게 되었다. 집은 더러워졌고 요리를 할 사람이 없었다. 남자는 치시포에게 음식을 끓이라고 할 수도 있었지만 그렇게 하지 않았다. 남자는 아내를 때린 것을 후회했다.

아들은 바닷가로 가서 모래 놀이를 했다. 물범 한 마리가 헤엄쳐 다가와서 소년에게 기어왔다. 소년은 자신의 엄마라는 것을 알아차렸다. 엄마는 소년의 머리를 땅에 대고 머리 속에서 이를 찾기 시작했다. 이를 다 잡더니 엄마는 또다시 물범으로 변해 바다로 헤엄쳐 갔다. 소년은 집으로 갔다. 아버지는 아들의 머리가 잘 빗겨진 것을 보고 놀랐다. 아버지가 말했다.

"네 머리에 여자의 손길이 느껴지는 것은 어떻게 된 것이냐?"

아버지가 아들에게 계속 말했다.

"나는 개로 변해서 내일 네가 바닷가 모래밭에 놀러 갈 때 너와 함께 가겠다."

다음 날 부자는 함께 바닷가로 갔다. 소년은 모래 위에 그림을 그렸고 아버지는 개의 모습을 하고 약간 떨어져서 누워 있었다. 물범이 헤엄쳐 오더니 소년에게 다가가서 재촉하기 시작했다.

"어서, 빨리! 오늘 여기로 헤엄쳐 오는데 심장이 심하게 두근거리고 좋지 않은 것을 보니 어서 빨리 돌아가야겠다."

물범이 돌아가려고 할 때 개가 물범에게 달려들었고 싸움이 벌어졌다. 마침내 소년의 어머니가 말했다.

"무엇을 원하는 거예요? 당신이 나를 때려서 쫓아냈잖아요. 나는 내 사랑스러운 아들을 보러 왔을 뿐인데 왜 또 때리는 거예요? 당신이 내가 집으로 돌아오기를 원한다면 치시포를 내쫓고 온 집을 깨끗이 닦고 당신도 직접 강으로 가서 몸을 씻으세요. 그러면 내가 집으로 돌아갈게요."

우리의 남자는 집으로 가서 치시포를 쫓아내고 집을 깨끗이 닦고 치운 다음 자신도 깨끗이 닦았다. 그러자 아내가 돌아왔다. 이때부터 그들은 아주 사이좋게 잘 살았다고 한다.

흑담비 사냥에서

나는 타이가[3]로 사냥을 나갔다. 멀리 떠나갔다. 산에서 작은 개울로 내려간 후 자그마한 오두막을 지었다. 사냥에서 운이 따르라고 그 오두막 뒤에 이나우를 세웠다.

그런 다음 개울 옆에도, 개울을 가로질러 쓰러진 나무 위에도 흑담비용 덫을 많이 설치했다. 그 나무를 따라 타이가로 더 멀리 짐승들이 건너서 뛰어다니기를 좋아하기 때문이다.

밤에 오두막에서 잠이 들었다. 아침 일찍 해가 금빛 사슬을 산꼭대기에 던져서 먼 바다로부터 자신을 늘리기 시작했을 때 덫을 확인하러 출발했다. 아! 나는 첫 번째 덫에서 사냥물을 발견하고 얼마나 만족스러웠는지 모른다. 그리고 두 번째와 세 번째에서도, 또 수많은 덫에서도 사냥물을 확인

---

3) 타이가 : 시베리아에서 툰드라의 남쪽에 접한 우랄산맥에서 오호츠크해에 이르는 침엽수 삼림 지대를 가리키는 말이다. 북쪽은 북극해 연안의 툰드라 지대에 접하고, 남한(南限)이 서시베리아, 유라시아 방면에서는 체르노좀(흑토) 토양의 북한계선과 거의 일치하고, 동시베리아 방면에서는 남부의 산악 지대까지 뻗어서 넓게는 미국 북서부 · 캐나다 · 알래스카 등의 침엽수림을 포함한다.

하고 매우 만족스러웠다. 잡은 흑담비들을 커다랗게 엮어서 활기차게 내 오두막으로 출발했다.

개울을 건너가서 오두막을 쳐다보았을 때 나는 무척 놀랐다. 왜냐하면 오두막에서 연기가 피어오르고 있었기 때문이다.

과연 누가 내 아궁이에 불을 지필 수 있단 말인가?

조심스럽게 오두막으로 몰래 다가갔다. 끓는 물 소리와 비슷한 소리가 들렸다. 이상하군. 어떤 사람이 내 오두막에 들어와서 무엇인가를 끓이기까지 할 수 있단 말인가? 그런데 냄새까지 풀풀 났다. 게다가 맛 좋은 냄새였다.

나는 안으로 들어갔다. 오호호호! 바로 내 아내였다! 어떻게 아내는 나를 찾을 생각을 했단 말인가? 한 번도 나를 찾아다닌 적이 없었는데 이렇게 온 것이었다.

아내는 내 자리에 앉아서 음식을 만들고 있었다.

"신발을 벗으세요. 신을 말려 드릴게요."

나는 신발을 벗어서 아내에게 주었다. 나는 계속 아내를 주의 깊게 쳐다보면서 이렇게 생각했다. '정말로 내 아내가 맞나?' 내 아내가 아닌 것도 같고 맞는 것도 같았다. 어떻게든 알아봐야겠다.

"앉아서 드세요. 사냥하느라 피곤하실 거예요."

나는 먹기 시작했다. 그러면서도 계속 생각했다. '어쩐지

내 아내와 닮지 않은 것 같다. 그래. 닮지 않았다. 아마도 이것은 무슨 나쁜 귀신인가 보다. 너무 끔찍하군. 무슨 방법이라도 강구해야 될 텐데….'

갑자기 여자가 일어서더니 말했다.

"자, 저는 가 볼게요."

그러고는 나가 버렸다.

나는 오두막에서 몸을 내밀고 그 여자의 뒤를 쳐다보았다. '저것은 암곰이 아닐까?' 하고 생각했다. 그렇게 생각하자마자 정말로 여자가 암곰으로 변했다. 갑자기 큰 소리로 울부짖더니 곰처럼 안짱다리 걸음을 하면서 타이가로 떠나갔다.

물론 나는 깜짝 놀랐다. 오두막 전체 주위에 이나우를 세워 두었다. 밤에는 귀를 쫑긋 세우고 불안하게 잠을 잤다. 그리고 아침에 또다시 덫을 확인하러 출발했다. 오호호호. 흑담비가 얼마나 많이 걸렸는지! 지금껏 그렇게 많이 잡힌 적이 없었다!

집으로 돌아오면서 나는 옛날 노인들이 이야기했던 것을 떠올렸다. 숲의 주민들이 사냥을 돕기 위해 남자나 여자의 모습으로 아이누인들을 찾아오기도 한다는 것이었다. 노인들은 그들을 숲의 사람들이라고 불렀다. 그렇다면 내게도 아내가 아니라 숲의 여자가 찾아온 것이었다. 물론 아내는 사냥하는 데 그렇게 훌륭히 도와줄 수가 없었을 것이다. 그런데 숲의 여자는 도와줄 수 있었다. 정말 대단하다!

젊은 까마귀

누구든 어리석은 짓을 저지르면 우울해지게 마련이다. 이렇게도 하고 저렇게도 하다가 그 후에는 어쨌든 뒤늦게 영리해지게 된다.

젊은 까마귀는 나이 들고 현명한 까마귀의 딸이었다. 그런데 어머니가 아무리 자기 딸에게 여러 번 그 무엇을 가르쳐도 딸은 아무것도 기억하지를 못했다. 마치 바람이 젊은 까마귀의 머리에서 어머니의 충고를 모두 날려 버리는 것만 같았다.

젊은 까마귀는 해변으로 날아가 앉는 것을 가장 좋아했다. 파도는 그곳으로 은빛 잔물고기, 작은 게, 털이 송송 난 벌레, 각종 조가비 등 쪼아 먹을 수 있는 온갖 수많은 것들을 던져 주었다. 젊은 까마귀는 오랫동안 해변을 돌아다니면서 닥치는 대로 게걸스럽게 쪼아 먹었다.

특히 젊은 까마귀는 사람들이 주워서 끓여 먹는 해초를 좋아했다. 사람들이야 여러 가지 식물을 먹었기에 해초를 먹는 것이 이해가 된다. 그런데 까마귀가 왜 먹는단 말인가? 그러나 까마귀는 매일 해초를 먹었고 마치 사람들에게 아무것도 남기지 않으려는 듯이 그렇게 많이 먹어 댔다. 그러더니 정말로 한번은 해변에 해초가 전혀 남아 있지 않게 되었다. 그래서 젊은 까마귀는 바싹 마른 해초를 쪼아 먹기 시작했다. 그러더니 해초가 목에 걸렸다. 숨을 쉴 수가 없었다.

늙은 까마귀가 자신의 딸에게 불행이 닥친 것을 발견하게 되었다. 늙은 까마귀는 딸 까마귀에게 날아가서 주위를 뛰어다녔지만 도울 수가 없었다. 젊은 까마귀는 숨을 헐떡거렸다. 만약 개미새가 마침 거기에 없었다면 죽었을 것이다. 개미새는 작지만 능숙한 새였다. 개미새는 많은 새들을 치료해 주었다. 그래서 젊은 까마귀의 목도 깨끗이 해주었다.

이제 젊은 까마귀는 더 조심스럽고 더 영리하게 행동해야만 할 것 같았다. 그런데 어디 그렇겠는가! 젊은 까마귀는 또다시 닥치는 대로 쪼아 먹었다. 탐욕스럽게 서두르며, 마치 누군가가 그 까마귀한테서 게나 벌레를 빼앗기나 하는 것처럼 게걸스럽게 먹었다.

어느 날 파도가 막 던져 놓은 젖은 해초 사이에서 젊은 까마귀는 커다랗고 푸르스름한 조가비를 발견했다. 홍합이었다. 물론 홍합은 결코 해변에 남겨지길 원치 않았다. 바다로, 더 깊은 밑바닥으로 가고 싶었다. 이때 해초가 사방에서 감겨들었다. 홍합은 해초에서 벗어나기 어려웠고 옴짝달싹하기가 어줍게 되었다. 해초로부터 조금 벗어나서

쉬었다가 또다시 벗어나곤 했다. 그러나 결국 힘이 빠졌고 신선한 물이 부족해져서 홍합은 조가비의 뚜껑을 열었다. 파도가 더 가까이 밀려와서 자신에게 물을 뿌려 줄 것을 바라고 있었다.

이때 젊은 까마귀가 홍합에게 다가갔다. 조가비 뚜껑 사이로 하얗고 탱탱한 살을 발견했다. 아휴. 이게 얼마나 맛나는 건데! 어서 삼켜야겠다! 부리로 톡….

이때 바로 그 순간에 홍합은 조가비 뚜껑을 닫아 버렸다. 꽉 조인 조가비에 젊은 까마귀는 부리가 끼어 버려서 소리를 지를 수도 숨을 쉴 수도 없었다. 다만 홍합을 떨쳐 버리려고 머리를 절망적으로 뒤흔들 뿐이었다. 그러나 조가비는 죽을힘을 다해 달라붙어 있었다. 젊은 까마귀는 부리에서 홍합을 발로 떼어 내려고 시도해 보았다. 그러나 너무나 큰 고통을 받은 홍합은 오히려 까마귀와 함께 죽겠다고 결심이라도 한 듯이 절대로 놓아주지 않았다.

그렇게 그들은 함께 죽었다고 한다.

가자미와 망둥이

두 남자가 살고 있었다. 가자미와 망둥이였다. 어느 날 작은 가자미는 바다 건너 저 멀리 한 섬에 카칸이라는 여자에게 어여쁜 딸이 있다는 말을 들었다. 그 처녀에게 청혼하러 가기로 결심했다. 가자미는 바다를 건너가서 카칸의 외동딸이 바다로 소금물을 조금 가지러 오기를 기다렸다가 처녀의 바가지 안으로 슬쩍 들어갔다. 처녀는 가자미를 집으로 데려가서 매우 사랑하게 되었다. 어머니는 그렇게도 어여쁜 처녀가 그렇게도 하찮고 작은 가자미를 사랑한다고 처녀를 여러 번 나무랐다. 하지만 처녀는 여전히 가자미를 사랑해 주었고 예뻐했다. 어느 날 마당에 서 있던 누군가가 집에서 가자미를 불러내기 시작했다. 가자미는 밖으로 나가서 함께 장작을 패러 가자는 말에 숲으로 갔다. 한 고개를 넘어서 우리 동료들은 곰을 만났다. 남자들은 가자미를 곰의 입 속에 던져 넣었다. 우리의 작은 가자미는 날카로운 뼈로 곰의 위를 찢었고 곰은 죽어 버렸다. 가자미는 밖으로 나와 집으로 향했다. 그리고 카칸의 외동딸과 결혼했다. 가자미는 아내와 함께 죽은 곰을 집으로 끌고 와서 그 고기를 끓였다. 그런 다음 잔치에 아내의 친척들을 부르라고 보냈다. 그러면서 이렇게 말했다.

"비록 그 친척들은 당신이 나를 매우 사랑한다고 언짢아 하지만 곰 머리와 인사하게 오라고 하시오."

친척들은 가자미의 집에 오기를 거절했다. 아내는 남편에게 그들의 악의를 숨기고 이제 모두가 화해했다고 말했다. 그런 다음 가자미는 아내와 함께 마을로 갔다. 사공 여섯 명이 그들을 배에 태워 갔다. 그들은 망둥이의 집 옆에 정착해서 아들과 딸을 낳았다. 가자미의 아들은 여러 가지 물고기의 일을 배우게 되었고 어머니는 딸에게 여자의 일을 가르쳤다. 망둥이와 그의 아내는 자기 자식들을 가르쳤다. 부모들이 죽자 아이들은 각자의 집을 지어서 모두가 사이좋게 옆에서 살았다. 그들은 대화를 하면서 즐겁게 살았다. 여자들은 여자들의 일에 대해서 남자들은 자신들의 일에 대해 대화를 나눴다.

세 남자

세 남자가 살았다. 벙어리장갑, 새, 바지였다. 어느 날 바지가 말했다.

"너희가 여기서 얌전히 앉아 있을 때 나는 숲에서 곰이 포효하는 소리를 들었어. 그 소리는 점점 더 우리 집으로 가까워지고 있었어. 너희는 어떻게 할 거야?"

벙어리장갑이 "그런 말을 하는 것은 죄야!"라고 혼자서 중얼거렸다.

그러던 어느 날 정말로 곰이 으르렁거리는 소리가 집 쪽으로 가까워졌고 모두가 그 소리를 들었다. 바지와 새는 어디론가 도망쳐 버렸고 벙어리장갑 혼자서 곰을 맞이하러 가서는 창으로 곰을 죽였다. 그런 다음 친구들을 찾기 시작했다. 베개 사이에서 바지를 찾아냈고 판자 침대 아래서 새를 찾아냈다. 그들은 곰 고기를 썰어 끓여서 함께 먹었다.

얼마의 시간이 지난 후에 바지는 끔찍한 소식을 가지고 돌아왔다.

"너희가 얌전히 여기 앉아 있을 때 나는 바다사자가 해변으로 헤엄쳐 오면서 포효하는 소리를 들었어. 너희는 어떻게 할 거야?"

그러자 벙어리장갑이 "그런 말을 하는 것은 죄야"라고 또 다시 중얼거렸다.

곧 실제로 바다사자가 으르렁거리는 소리가 들렸다. 틀림없이 그들의 집 쪽으로 가까이 오고 있었다. 바지는 새와 함께 우왕좌왕하더니 어디론가 숨어 버렸다. 벙어리장갑 혼자서 용감하게 바다사자를 맞으러 나가서 창으로 죽여 버렸다. 그런 다음 바다사자 고기를 자르기 시작했다. 벙어리장갑은 그 고기를 끓이고 비계도 다 모아 놓았는데 그때 친구들이 떠올랐다. 그래서 친구들을 찾기 시작했다. 베개 사이에서 바지를 찾았고 비계가 가득 찬 함지박 속에서 새를 발견했다. 벙어리장갑은 새를 씻어 주고 불 위에 말리려고 걸어 두었다. 밑에서 바지와 함께 끓인 고기 요리를 먹기 시작했다. 불 위에 걸려 있는 것이 지루했던 새가 자신은 이미 다 말랐다고 친구들을 설득하면서 끼워 달라고 조르기 시작했다. 두 친구는 새를 내려 주고 셋이서 함께 고기를 실컷 먹었다. 다 먹고 나서 집에서 바다사자 고기를 손질하기 시작했다. 그들은 바다사자의 위주머니를 주물러 이긴 다음 거기에 기름을 채워 창고로 가져갔다. 그렇지만 그들 중에 그 누구도 위주머니를 위로 올려서 창고에 넣으려고 하지 않았다. 벙어리장갑이 바지와 새에게 차례대로 제안을 했지만 모두가 거절을 했다. 화가 치민 벙어리장갑은 또 혼자서 일을 하기 시작했다. 벙어리장갑이 분노를 분출하면서 양쪽 끝에 위주머니를 묶어 두었던 막대기를 부주의하게 확 잡아 채 버리는 바람에 막대기는 부러지고 벙어리장갑은 터져 버렸다. 게다가 기름이 든 위주머니가 땅바닥에 쏟아져서 그 밑에 있던 새와 바지가 깔려 죽어 버렸다.

쥐

쥐가 살고 있었다. 어느 날 평상시대로 생업을 위해서 길을 떠날 채비를 하면서 썰매에 사슴을 맸다. 사슴들이 서로 얽혀 버렸다. 쥐는 사슴들을 썰매에서 풀어 주고 내버려 두었다. 쥐는 쥐들을 썰매에 맸다. 그러나 쥐들은 그 자리에서 맴돌기만 했다. 이번엔 들쥐를 맸다. 옷을 입는 동안 들쥐들을 우선 커다란 전나무에 묶어 놓았는데 들쥐들은 전나무가 뿌리부터 꼭대기까지 흔들릴 정도로 밧줄을 심하게 잡아당겼다. 그래서 썰매가 풀어졌고 쥐는 회오리바람처럼 휘달렸고 낡은 털외투 자락이 젖혀졌다. 어느 집에 도착해서 쥐는 마당에 썰매를 세워 두고 집 안으로 들어갔다. 그리고 선반 위를 뒤졌다. 아이들을 위해 남겨 둔 어제 음식을 찾아냈지만 한입 깨물기도 전에 토굴의 벽난로에 숨어야만 했다. 여주인이 일어났던 것이다. 여주인은 불을 지피기 위해 벽난로로 다가왔다. 놀란 쥐는 여자의 눈에 재를 뿌리기 시작했다. 여주인은 남자들을 깨웠다.

"빨리 일어나요. 쥐가 여기 나타나서 내 눈에 재를 뿌려요. 보세요. 이 쥐를 좀 때려잡아 주세요!"

사람들이 모여들어서 쥐를 때려잡기 시작했다. 쥐는 사

람들을 설득하기 시작했다.

"저를 때리시기 전에 먹을 것 좀 주세요!"

사람들은 쥐에게 산딸기가 가득 든 바구니를 주었다. 쥐는 그 산딸기를 모두 먹어 치우고 또다시 사람들에게 호소하기 시작했다.

"저를 때리시기 전에 마실 것 좀 주세요!"

사람들이 마실 것을 주었다. 그러자 쥐는 마당에 오줌을 좀 누고 오겠다고 부탁했다. 사람들은 따라가고 싶었지만 쥐는 혼자 가겠다고 사정했다. 쥐는 마당으로 나가서 썰매를 재빨리 풀고 도망쳤다. 사람들은 쥐를 뒤쫓기 시작했다. 사람들이 곧 자신을 따라잡을 수 있다는 것을 눈치채자 쥐는 썰매에서 해변으로 뛰어내려 수많은 산딸기가 자라고 있는 곳에서 변을 보았다. 그러고는 수많은 산딸기를 그냥 버려두고 다시 출발했다. 사람들이 수많은 산딸기가 있는 곳까지 쫓아와서 그 산딸기를 먹는 동안 쥐는 모습을 감추었다. 다른 집에 도착한 쥐는 안으로 들어가서 선반을 뒤지기 시작했다. 쥐는 그릇 바닥에 남은 국을 발견하고 조심성도 없이 달려들었다가 수프에 빠져서 죽고 말았다.

화가 나서 싸운 이야기

어느 날 아직 눈이 내리고 있었을 때 일이다.

타라이카에서 사람들이 살고 있었다. 썩 잘살고 있었다. 바다짐승을 죽이고 물고기를 잡았을 때는 매우 좋았다.

그런데 한 부자 남자가 왜 그랬는지 오로크인[4]이 살고 있던 강 위쪽으로 갔다. 오로크인들은 사슴을 많이 방목했다. 사슴은 한 숲에서 다른 숲까지 이를 정도로 많았다!

그 사람은 오로크인들에게 갔다. 그들의 집으로 들어가서 불 옆에 앉았다.

그러자 오로크인들은 손님을 대접하려고 했다. 사슴의 위를 요리해서 그에게 내놓았다.

한 번도 그 누구도 그 남자에게 그런 음식을 대접한 적이 없었다. 안 좋은 음식이었다. 역겨웠다. 그는 화가 났다. 그래서 먹지 않았다. 그는 그들의 집에서 나와 자기 집으로 출발했다. 그 남자는 왜 그들에게 갔는지조차 잊어버렸다.

남자는 마을로 돌아가서 오로크인들이 그에게 사슴의 위를 먹으라고 대접한 것에 대해 이야기했다. 화를 내며 이야

---

4) 오로크인 : 사할린 섬에 살고 있는 소수민족의 이름이다.

기했다. 그 이야기를 듣더니 모두 화를 냈다. 오로크인 전체에 대해 화를 냈다. 마을 사람들은 오로크인을 나쁜 사람이라고 단정했다. 그들과는 싸워야만 했다.

사람들이 모여들어 오로크인들의 마을로 출발했다. 그들의 집을 공격했다. 남자들과 여자들을 모두 죽였다. 한 청년만 사슴에 재빨리 올라타서 도망쳤을 뿐이다. 그 청년의 뒤를 쫓아갔지만 따라잡지 못했다. 사람들은 청년에게 화살을 쏘기 시작했다. 하지만 화살은 청년에게 닿지 않았다. 청년은 재빨리 도망쳤다.

청년은 다른 오로크인 마을로 가서 울부짖었다. 그 마을 사람들은 이웃 마을에서 벌어진 일을 알게 되었다.

그러자 그들은 활을 산더미처럼 준비했다. 화살도 산더미처럼 준비했다.

그런 다음 겨울이 왔다. 호수는 얼음으로 덮였다. 그 마을의 아이누인들은 얼음에 구멍을 뚫고 낚싯줄로 물고기를 잡았다.

그런데 갑자기 호숫가에서 사슴을 타고 오로크인들이 뛰쳐나왔다. 그들은 등에 화살이 가득한 화살통을 메고 있었고 손에는 활이 들려 있었다. 그들은 물고기를 잡던 사람들에게 화살을 쏘기 시작했다. 잘 조준해서 활을 쏘았다. 어디로 도망치든지 화살은 그들을 관통했다. 그렇게 모두를 죽였다.

어두워지기 시작했지만 오로크인들은 진정되지 않았다. 서로가 앞다투어 누가 아이누인을 얼마나 죽였는지 자랑을 했다. 그들은 더 싸우고 싶어 했다. 그리고 사슴을 타고 마을로 내달렸다.

아이누인들은 그때 토굴집에 살고 있었다. 그 안에 누가 있었겠는가? 여자들과 아이들뿐이었다. 그리고 노인들이었다. 그들은 전에 싸웠던 것도 잊어버리고 있었다. 무기도 전혀 갖고 있지 않았다.

오로크인들이 마을을 포위했다. 토굴집 지붕의 연통을 모두 부수었고 그 안으로 바짝 마른 풀을 태워 던졌다. 여자들은 깜짝 놀랐고 아이들은 울기 시작했다. 어디로 도망쳐야 하는지도 몰랐다.

오로크인들은 그 사람들을 가엾게 여기지도 않았다. 아름다운 여자들만 데리고 갔다. 그 후에 그 여자들과 결혼했다.

다른 마을의 아이누인들은 '오로크인들이 또 싸울 것인가?' 하고 기다렸다. 하지만 이미 그들은 싸우기를 원치 않았다. 그래도 만일을 위해서 준비를 했다.

두 남자가 첫 번째로 싸움을 준비하기 시작했다. 한 사람은 탁 트인 장소에 서 있었고 다른 사람은 촉이 무딘 화살을 그에게 쏘기 시작했다. 한 사람이 쏘면 다른 한 사람은 그 화살을 잡았다. 또 쏘아도 그 사람은 화살을 또 잡았다. 그런 다음 많은 사람들이 그에게 화살을 쏘았는데 그는 그 화살들도 다 잡아냈다. 매우 잘 잡을 줄 알아서 한 대의 화살도 그에게 닿지 못했다.

그 후에 다른 남자들도 그것을 익히기 시작했다.

이에 대해 오로크인들도 알게 되었다. 그래서 이런 생각을 했다. 그런 민첩한 용사들에게 쇠촉이 달린 화살을 쏜다고 해도 그들은 잡을 것이다. 피해야만 한다. 게다가 아이누인 아내를 둔 오로크인들은 이미 아이누인과 친척처럼 되어버렸지 않은가. 이제 와서 왜 싸운단 말인가?

아이누인들도 전투가 싫었다. 나쁜 일이기 때문이었다.

그래서 그들은 화목하게 살기 시작했다.

바다사자

나는 한 번도 바다사자를 본 적이 없었지만 너무나 보고 싶었다. 나는 바다사자에 대해 노래도 지었는데, 그가 살고 있는 섬에서 가장 힘이 세고 강력하고 아름답게 묘사했다. 나는 바다사자를 보면 나 자신도 더 힘이 세지고 용감해지리라고 상상했다.

나는 형에게 이렇게 부탁하기 시작했다.

"섬으로 항해해 가 보자. 바다사자가 보고 싶단 말이야."

"무엇을 타고 간단 말이냐? 우리는 배도 없잖아. 배를 살 돈도 없고."

형이 투덜거리며 말했다.

우리는 둘이서 살고 있었다. 우리 부모는 오래전에 사냥을 나갔다가 끔찍한 폭풍우를 만나서 돌아가셨다.

그러나 나는 잠자코 있지 않고 계속 말했다.

"바다사자가 보고 싶단 말이야. 바다사자…."

그러던 어느 날 형은 도끼를 집더니 숲으로 가서 커다란 나무를 베어 왔다. 그 나무로 형은 배를 만들기 시작했다. 매일매일 하루 종일 일을 했다. 아침부터 밤까지 일했다. 비가 와도, 땡볕에도 일을 했다. 마침내 배가 완성되었다. 좋은 배였다.

형은 잠시 쉬더니 이렇게 말했다.

"채비해라."

나는 너무 기뻤다. 바다사자 앞에서 멋지게 보이고 싶었다. 머리를 빗었다. 귀의 아랫구멍에 귀걸이 두 개를 걸고 윗구멍에도 두 개를 걸었다.

"자, 어때?"

내가 형에게 물었다.

"멋지구나."

형이 말했다.

우리는 배를 타고 저어 갔다. 바다는 잔잔했고 태양은 모닥불처럼 우리를 달구었다.

우리는 낮 동안 배를 저었고 밤에도 저어 갔다. 새벽녘에 안개가 조금 끼었을 때 바다사자가 사는 섬이 보였다. 섬은 바위투성이였고 우리는 뭍으로 나갈 수 있는 곳을 오랫동안 찾아다녔다. 그리고 배를 거기로 끌어가려고 했다. 그러나 그런 장소를 찾을 수가 없었다. 깎아지른 듯한 절벽 뒤에서 형은 손으로 둥근 바위 하나를 붙잡았고 나에게 이렇게 말했다.

"좋아. 가 봐. 나는 여기서 기다릴게."

나는 산으로 기어 올라가서 바다사자의 집을 발견했다.

나는 그 안으로 들어갔다.

바다사자는 내가 생각했던 그런 모습이 전혀 아니었다. 바다사자는 온통 상처를 입고 누워 있었는데 상처가 아팠던 것이다. 나는 바다사자가 너무 늙었고 상태가 좋지 않다는 것을 알게 되었다.

나는 둥근 바위가 있는 곳으로 돌아갔다. 그러나 형은 거기에 없었다. 이쪽을 보았다가 저쪽을 보았다가 소리쳐 보았다가 울부짖었다가 별짓을 다 해 보았지만 형은 어디에도 없었다.

그 후에 나는 저 멀리 바다에서 배를 발견했고 형이 나를 버렸다는 사실을 쓰라리게 깨달았다.

섬에 남겨진 나는 찢어지게 가난하게 살았다.

세 남자

세 명의 남자가 살고 있었다. 어느 날 큰형이 활을 들고 집에서 나갔다. 그는 백조 떼를 발견했다. 맨 앞에 있던 백조를 활로 쏘아 죽여서 반쯤 썩은 나무에 걸어 놓았다. 어떤 노파가 와서 백조를 가져갔다. 남자는 성이 나서 집으로 돌아가 잠자리에 들었다. 그런 다음 둘째 형이 활을 들고 사냥에 나가서 날아가는 백조 떼를 발견했다. 앞에 있던 백조를 조준해 죽였다. 그런 다음 그는 백조를 나무 위에 놓아두었다. 그러자 노파가 와서 백조를 가지고 가 버렸다. 남자는 몹시 화를 내면서 집으로 돌아와서 잠자리에 들었다. 결국 막둥이 동생이 사냥에 나갔다. 그도 백조 떼를 발견했고 우두머리 새를 조준해서 죽였다. 남자는 백조를 나무 위에 걸쳐 놓았는데 바로 그 노파가 다가와서 가져가 버렸다. 남자는 노파의 뒤를 쫓아가서 집으로 들어갔다. 집에는 세 명의 여자가 앉아 있었다. 제일 나이 든 노파의 침상 위에는 큰형이 죽인 백조가 걸려 있었고 두 번째 노파의 침상에는 둘째 형이 죽인 백조가 걸려 있었고, 제일 나이 어린 여자의 침상 위에는 자신이 방금 죽인 백조가 걸려 있었다.

노파가 그에게 말했다.

"에이, 젊은이, 나는 당신들이 여기 우리 집에 오게 하려고 일부러 당신들이 죽인 백조들을 가져온 거요. 그런데 큰형은 그 사실을 이해하지 못하고 화만 내고 집으로 가 버렸지. 둘째 형도 마찬가지로 똑같이 행동했어. 제일 어린 막둥이 당신만 내 뒤를 쫓아왔군. 그 대가로 아내를 선물하겠어."

그런 다음 우리의 남자는 집으로 갔다. 가서 보니 두 형이 앉아서 울고 있었다. 그래서 집에서 조금 멀리 떨어진 후 소란스럽게 오두막으로 뛰어들며 형들에게 물었다.

"왜 울고 계세요?"

"네가 오랫동안 오지 않아서 울고 있었단다."

"형수들을 선물로 데려왔어요."

돌아온 막둥이는 형들에게 말했다.

남자들은 모두 그 여자들에게 가서 결혼했다. 어린 여자와는 막둥이가 결혼했다. 그들은 자식들을 낳아서 아이누 사람들이 어떻게 살고 무엇을 해야 하는지 가르쳤다.

산노이페 여자

한 외로운 여자가 살고 있었다. 집에 있든지, 밖에서 일을 하든지 매번 위험했다. 악마가 자신을 죽일 수도 있다고 여러 번 생각했다. 그래서 사람들이 살고 있는 어디라도 다른 곳으로 떠나야겠다고 결심했다. 해변을 걷다가 집이 두 채 있는 마을에 도착했다. 한 채는 컸고 한 채는 작았다. 큰 집으로 들어갔다. 거기서 한 노파가 마치 오래전부터 아는 사이처럼 너무나 반갑게 맞이했다. 노파는 매우 드물게 먹곤 하는 온갖 음식으로 그녀를 대접하기 시작했다. 마지막으로 노파는 그녀에게 어느 마을에서 왔는지 물었다. 여자는 산노이페라는 마을이라고 대답했다. 그러자 노파는 이렇게 말했다.

"여기 우리 동네에 우리 아들이 살아요. 아들네 작은 집에는 아내가 있소. 아들이 당신을 보면 좋아하게 될 것이고 며느리한테는 가고 싶어 하지 않을 거요. 그러니 내가 당신을 숨겨야겠소."

여자는 여성용 물건을 두는 구석에 숨었다. 저녁에 남자가 곰 고기가 든 짐을 가지고 와서 뒤쪽 벽 옆의 판자 침대 위에 던져 놓았다. 노파가 노크를 해서 신호를 보내고 큰 소리를 쳤다.

"아우아우 투구! 산노이페 마을에서 여자가 왔다네. 아우아우 투구! 내가 그 여자를 감춰 두었다네. 아우아우 투구!"

남자가 이 소리를 듣고 노파에게 어디에 여자를 감춰 두었는지 알려 달라고 요구했다. 노파는 말을 하지 않고 버텼지만 남자는 집요하게 여자를 내놓으라고 요구했다. 노파는 구석에서 여자를 끌어냈다. 남자는 여자가 아주 마음에 들었고 자기 아내한테 밤을 지내러 가지 않았다. 남자는 다음 날도 집으로 가지 않고 노파의 집에서 잠을 잤다. 그러다가 결국 어느 날 남자는 아내의 집으로 갔다. 그의 뒤를 따라서 노파와 여자도 그 집으로 갔다. 그들은 문과 문설주 틈새로 보기 시작했다. 노파와 여자는 남자가 자신의 아내와 싸우는 것을 보았다. 결국 남자는 장도를 꺼내서 아내를 죽였다. 그리고 자기 아내를 자세히 살펴보니 암컷 늑대가 누워 있는 것을 알게 되었다. 이후에 산노이페 마을의 여자는 남자에게 시집을 갔고 그들은 노파와 함께 셋이서 화목하게 살았다.

두 자루의 칼

내게는 형이 두 명 있었다. 나는 그들과 함께 살았다.

사냥을 떠나면 형들은 죽은 사슴들과 함께 돌아왔다. 우리는 사슴 고기를 끓이고 구웠다. 항상 배불리 먹었다.

어느 날 형들이 또 사냥을 나갔다. 나 혼자서는 집 안에서도 집 주위에서도 심심했다. 나는 무엇을 해야 할지 알지 못했다.

그러다가 이런 생각이 떠올랐다. '우리 집의 한쪽 구석에 있는 저 무더기는 무엇일까? 그 무더기에는 무엇이 있을까?'

마른 풀을 긁어서 파헤치고 낡은 가죽들을 저쪽으로 던져 버리자 상자 하나를 발견하게 되었다.

헤헤헤! 그 안에는 귀중품이 가득했다! 금 구슬이며 은 구슬이 가득 차 있었다. 나는 그것들을 살펴보고 한쪽에 놓았다. 상자 맨 밑바닥에는 과연 무엇이 들어 있을지 너무 궁금했다.

한참 뒤져 황금으로 된 긴 칼과 은으로 된 긴 칼을 발견했다. 두 자루의 칼은 너무나 아름다운 무기였다. 나는 그 칼을 들어 허리에 찔러 넣고 숲으로 나갔다. 빠르고 활기차게 걸었다.

집에서 꽤 멀어져서 푸른 계곡에 갔을 때 뾰족한 지붕의 작은 오두막을 발견하게 되었다. 오두막으로 들어가니 형들이 자고 있는 것이 보였다. 형들은 깊이 잠들었고 코를 심하게 골아서 아주 시끄러웠다.

나는 형들을 깨우고 싶었지만 내가 우리 오두막에서 귀중품을 어질러 놓고 칼 두 자루를 들고 나온 것이 떠올랐고 이것이 생각나자 형들을 깨우지 못하게 되었다. 부끄러웠던 것이다. 모든 것을 알게 되면 형들이 나를 혼낼 것이라고 생각했다.

나는 마당에 앉았다. 그렇게 어둠이 내려 완전히 깜깜해질 때까지 앉아 있었다. 이때 강 옆 계곡에 어떤 존재들이 숨는 소리가 들렸다. 자세히 살펴보았다. 에에에. 바로 늑대들이었다. 수컷 늑대와 암컷 늑대였다.

나는 바짝 경계했다. 늑대가 가까이 와서 눕더니 머리를 발 위에 올려놓았다. 늑대는 오두막의 왼쪽 구석을 쳐다보았다. 암컷 늑대가 가까이 오더니 똑같이 누워서 머리를 발 위에 올려놓았다. 암컷 늑대는 오두막의 오른쪽 구석을 쳐다보았다. 그렇게 그 늑대들은 마치 누군가를 기다리듯이 누워 있었다.

나는 무서워서 덜덜 떨었다. 그러나 오두막으로 들어가지는 않았다. 허리에 칼 두 자루를 차고 형들 앞에 나타난다는 것이 두려웠다.

그런 다음 새로운 소리를 들었다. 그 소리는 전의 소리보다 더 컸다. 또 다른 어떤 존재가 관목을 짓밟으며 오두막 쪽으로 오고 있었다. 그것이 가까워 오자 곰이라는 것을 알게 되었다.

나는 무서워서 더 심하게 떨었다. 곰은 누워서 머리를 발 위에 놓았다. 곰은 오두막 입구를 곧장 쳐다보았다.

조금 시간이 흘렀고 숲에서 내가 한 번도 들어 본 적이 없는 그런 큰 소리가 들렸다. 마치 나무들이 서로서로 부딪쳐 쓰러지는 듯한 소리였다. 그 시끄러운 소리는 점점 더 커졌는데 나에게 무겁고도 무거운 발자국 소리가 들렸다. 그 찰나에 나는 한 존재를 보았다. 무엇인지 도무지 알 수가 없었다. 그의 위턱은 구름 같았고 아래턱은 대지 같았다. 그런 존재가 다가오고 있는 것이었다.

공포가 나를 휩쌌다.

이때 곰이 말했다.

"애야, 악마가 오고 있어. 그 악마는 보통 악마가 아니야. 네 형들의 잠도 그냥 여느 때의 잠이 아니야. 악마가 그 형들에게 그렇게 잠을 자도록 만든 거야. 나는 신인데 네 형들을 보호하려고 여기에 온 것이야. 그런데 그들을 보호해 줄 수 없을 것 같아 무섭구나. 그러니 너는 어서 빨리 네 집으로 돌아가는 것이 좋겠다."

그러나 나는 남았다. 자고 있는 형들을 두고 도망칠 수는 없었다.

악마는 저쪽으로 조금 물러서더니 집의 뒤쪽으로 들어갔다.

이때 나는 늑대들의 목소리를 들었다.

"애야, 우리도 네 형들을 보호하려고 온 것이야."

수컷 늑대와 암컷 늑대는 악마를 향해서 나갔다. 늑대들은 한밤중까지 그 악마와 싸웠다. 그 후에 나는 마치 바위가 떨어지는 듯한 소리를 들었다. 그리고 또 한 번의 소리를 들었다. 살펴보니 늑대들이 죽은 채로 누워 있었다.

그러자 그 커다란 악마는 오두막의 옆으로 들어갔다. 이때 곰이 그를 향해서 나갔다. 곰과 악마는 새벽까지 싸웠다. 막 여명이 오기 전에 나는 엄청나게 커다란 바위가 무너지는 듯한 소리를 들었다. 쳐다보니 곰이 죽은 채로 누워 있었다.

이제 악마는 나를 쳐다보지도 않고 오두막 입구로 향했다. 이때 나는 허리에서 두 자루의 칼을 뽑았다. 악마의 목을 금으로 된 긴 칼로 내리쳤다. 악마의 목을 잘랐지만 죽지 않았다. 악마는 너무나 위협적이고 힘이 셌다. 악마의 머리가 나를 공격했다. 은으로 된 긴 칼로 악마의 머리를 내리쳤다. 그러자 머리가 나뒹굴었고 몸통의 윗부분이 나를 공격했다. 나는 또다시 금으로 된 긴 칼을 던졌다. 몸통의 윗부분을 자르고 쳐다보니 아랫부분이 나를 공격했다. 은으로 된 긴 칼로 몸통의 아랫부분을 찔렀다. 그런 다음 악마를 조각조각 잘라서 풀과 나무, 새와 짐승 들에게 던져 주었다.

그 후에 오두막을 쳐다보았다. 형들은 아직도 자고 있었지만 전처럼 그렇게 깊이 자는 것은 아니었고 조금 움직거렸다. 그들이 곧 잠이 깰 것이라고 생각하고 서둘러 집으로 갔다.

집으로 들어와서 바로 누워 자는 척했다.

그러자 형들이 돌아오는 소리가 들렸다. 한 형이 말했다.

"우리의 보호자인 늑대들도, 곰도 죽었는데 대체 누가 우리를 구해 준 것일까? 과연 누구 덕에 우리가 살아남게 되었을까?"

둘째 형이 말했다.

"우리가 숲을 돌아다닐 때 나는 동생의 발자국을 보았어."

첫째 형이 믿지 않았다.

"아니야. 그렇게 힘센 괴물하고 싸울 수 있다고? 우리 어린 동생이 우리를 구해야 한다는 것을 어떻게 알았겠어?"

형들은 집으로 들어와서 또 그 이야기를 했다.

그때 나는 일어나서 형들이 사냥에 나갔을 때 내가 구석에 있는 무더기를 파헤쳐서 상자를 열어 보았고 귀중품을 모두 여기저기 던져 놓고 금과 은으로 된 두 자루의 칼을 들고 나갔다고 형들에게 말했다. 그런 다음 형들이 자고 있던 작은 오두막에 가서 늑대들과 곰을 보았고 괴물과 싸웠다고 이야기했다.

내 말을 다 듣고 나서 형들은 이렇게 말했다.

"정말 그렇다면 이제 이 두 자루의 칼은 네 것이다."

물범의 섬

나는 할아버지 손에서 자랐다. 할아버지는 나에게 섬에서 잡은 바다짐승 고기를 먹여 키웠다. 이 섬은 우리 해변에서 겨우 보이는 곳이었는데, 그렇게나 먼 바다에 떠 있었다.

어느 날 할아버지는 여느 때처럼 물범을 사냥하러 섬으로 항해해 갔다가 돌아왔는데 여느 때와 달랐다. 배는 텅 비어 있었다.

할아버지가 우울하게 말했다.

"나는 섬에서 짐승을 한 마리도 발견하지 못했단다. 단 한 마리도. 다만 으르렁거리는 소리만 들었단다. 짐승들은 바다 멀리 떠갔단다. 오래전부터 거기 살던 사람이 나쁜 귀신이 그렇게 하기 원해서라고 말했단다. 이제 우리는 어쩌면 좋단 말이냐? 매년 섬이 우리를 먹여 살렸는데. 어디서 짐승을 잡는단 말이냐? 무엇을 먹고 산단 말이냐?"

할아버지는 이미 늙었다. 그는 산에서도 타이가에서도 먹을 것을 얻기가 어려웠다. 할아버지는 자신도 나도 굶어 죽을까 봐 걱정을 했다.

그 밤에 나는 잠을 이루지 못했다. 나 혼자서라도 섬에 가서 짐승이 아니라면, 새라도 잡을 수는 없을지 계속 생각했다. 낮에도 나는 이것에 대해 생각했다.

다음 날 밤이 되었을 때 할아버지가 잠이 들자, 나는 할아버지의 배를 모래에서 물로 끌고 가서 타고 바다로 나갔다. 피곤함도 모른 채 노를 저었고 서둘렀는데, 어두울 때 섬에 도착하고 싶어서였다. 어쩌면 내가 무슨 짐승이라도 잡을 수 있을지도 모르기 때문이다.

나는 어둠 속에서 섬 쪽으로 항해해 갔다. 그러나 해변에 내리자마자 맞은편에서 한 사람이 나왔다. 그가 물었다.

"너는 누구냐? 어디서 온 것이냐?"

나는 그에게 모든 것을 말했다.

섬에서 오래전부터 살고 있던 사람이 말했다.

"네 할아버지는 내가 알고 있단다. 네 할아버지와 나는 친구 사이란다. 그러나 너는 아주 안 좋은 때에 여기에 왔구나. 네가 여기 남는 것은 위험하단다."

"왜요?"

"지금은 나쁜 귀신이 나타났단다. 끔찍한 귀신이란다! 저기 죽은 물범들이 누워 있으니 어서 빨리 그 물범들을 네 배에 옮겨 놓고 그 밑에 몸을 숨겨라. 어서 빨리!"

나는 그렇게 했다.

이때 나쁜 귀신이 나타났다. 그리고 나는 그 귀신이 그 사람에게 묻는 소리를 들었다.

"이게 무슨 배냐?"

"내 배요."

그 사람이 대답했다.

"네 배라고? 그런데 좌석용 판자가 왼손으로 감긴 밧줄로 묶여 있고 사람 냄새가 나는데."

그러자 그 사람이 대답했다.

"맞아요. 오른손이 아팠을 때라서 왼손으로 이 밧줄을 감았어요. 그리고 내가 사람이니까 물론 사람 냄새가 나겠지요."

나쁜 귀신은 조금 서성이다가 그 사람을 믿은 것인지 믿지 못한 것인지 뭐라고 중얼거리다가 검은 바위 뒤 자신의 집으로 사라졌다.

그 사람이 내게 속삭였다.

"이제 마을로 돌아가거라. 섬의 머리[5] 옆을 향해 갈 때 이나우를 만드는데, 하나는 자작나무로 하나는 물푸레나무로 깎아라. 두 이나우를 네 배에 세워라. 그런 다음 우이타 나무[6]로 이나우를 만들어라. 우이타 나무는 나쁜 귀

---

5) 아이누인들은 섬의 북쪽이나 동쪽 해변을 섬의 머리라고 불렀다. 남쪽이나 서쪽 해변은 섬의 다리라고 불렀다.

6) 우이타가 어떤 나무를 말하는지는 정확히 알 수는 없다. 다만 그 나무

신의 나무다. 그 마지막 이나우는 섬에 남겨 두어라. 잘 기억했겠지?"

나는 말했다.

"네, 알겠어요."

그러자 그 사람이 말했다.

"얘야, 오늘 나는 나쁜 귀신과 싸워야만 한단다. 얼마나 견딜 수 있을까? 이제 되었다! 이 싸움은 힘겹고도 유혈이 낭자한 전투가 될 것이다. 너는 이때 바다 가운데에 이미 도달해 있을 거야. 만약 네 배에 붉은 비가 퍼붓는다면 내가 상처를 입은 것으로 알아라. 만약 붉은 비가 네 배의 앞에서 퍼붓는다면 내가 죽은 것이다. 만약 붉은 비가 네 배의 뒤에서 퍼붓는다면 내가 나쁜 귀신을 죽인 것으로 알면 된단다. 자, 되었다. 어서 떠나라. 네 할아버지가 너를 찾고 있겠구나."

나는 섬에 사는 사람이 말한 모든 것을 그대로 했다. 두 개의 이나우를 배에 세웠고, 세 번째 이나우는 나쁜 귀신이 다스리는 섬의 머리에 세워 놓았다. 그리고 바다로 나갔다.

내가 바다 한가운데에 이르렀을 때 섬에서 나한테까지 그 사람과 나쁜 귀신이 싸우는 무시무시한 굉음이 들렸다. 그런 다음 내 배에 붉은 비가 퍼부었다. 나는 그 사람이 상처

의 잎을 끓여서 먹으면 기침에 좋다고 알려져 있다.

를 입었다는 것을 짐작하고 슬퍼졌다. 그리고 빌기 시작했다. 그 사람의 상처가 치명적이지 않도록, 그리고 그가 나쁜 귀신과 치르는 이 끔찍한 전투를 이겨 내도록!

그러더니 바다가 요동치기 시작했다. 물범을 실은 내 배를 이리저리 흔들어 댔고 배 안으로 물이 튀었다. 거품이 이는 파도의 마루에 올라갔을 때 나는 낮은 모래 해변을 발견했다. 거기까지는 멀지 않았고 나는 온 힘을 다해 노를 저었다.

곧 내 등 뒤에 붉은 비가 퍼부었다. 나는 너무 기뻤다. 행복했다. 왜냐하면 섬에 사는 사람이 나쁜 귀신을 이겼기 때문이다!

나는 해가 어떻게 떠올랐는지, 바다가 어떻게 잠잠해졌는지 눈치채지도 못했다. 내 할아버지는 두꺼운 지팡이에 의지한 채 슬픔에 젖어 나를 알아보지도 못했다. 그는 내가 어디선가 죽은 줄로 생각하고 있었다.

"할아버지! 슬퍼하지 마세요. 내가 돌아왔어요!"

내가 소리쳤다.

나는 할아버지에게 일어났던 일을 모두 이야기해 드렸다.

그 후에 나는 수없이 그 섬으로 배를 타고 가서 항상 풍성한 사냥물을 가지고 돌아왔다.

다섯 명의 아이누인

어느 날 다섯 명의 아이누인이 바다로 물범 사냥을 하러 나섰다. 짙은 안개가 내려와서 항해자들은 길을 잃었고 어떤 해변에 정박했다. 그리고 해변에 있던 마을로 가서 한 집으로 들어갔다. 그 집의 주인은 자리에서 일어나 배 책임자의 머리를 붙잡아 위로 일으키더니 그를 죽였다. 그런 다음 쇠꼬챙이에 꿰더니 몸의 부분 부분을 구워서 먹기 시작했다. 길을 잃었던 사람들은 재빨리 해변으로 도망쳐서 배에 타고 노를 저어서 정해진 방향도 없이 출발했다. 얼마의 시간이 흐르자 그들은 해변에 도착했는데 산 근처에 마을이 펼쳐져 있었다. 그들은 해변으로 배를 끌어냈다. 이때 그 배로 한 여자가 다가와서 이렇게 말했다.

"제가 소원했기에 당신들은 길을 잃었던 것이고 이곳에 정박하게 된 거예요. 이제 우리 집으로 가요."

그들은 여자의 집에 가서 여자가 요리한 약초로 만든 수프를 먹었고 모두가 즐거워졌다. 그러자 여자가 그들에게 말했다.

"여기서 주무세요. 하지만 주무실 때 저와 관계를 갖고 싶다는 소망을 가지시면 안 되어요. 나는 비록 좋은 여자이고 온갖 민족 사람들이 저를 좋아해서 저와 결혼하고 싶어 했지만 내 질 속에는 나쁜 것이 있어서 저를 좋아하시는 것은 위험해요."

그런 다음 여자는 손님들을 위해 침상을 준비했다. 여자는 자신의 침상과 멀지 않은 구석 판자 침대에 두 명을 눕게 하고 다른 두 명은 맞은편 판자 침대에 눕게 했다. 여자가 잠자리에 누웠을 때 한 남자에게는 그 여자를 향한 참을 수 없는 욕망이 일게 되었고 다른 남자에게도 마찬가지의 욕망이 올라왔다. 그들은 아무리 자신을 억제하려고 해도 할 수가 없었다. 조금 지나서 한 아이누인이 여자의 침상으로 다가갔는데 성교할 때 나는 소리가 들리기 시작했다. 그러나 곧 남자가 죽기 전에 내는 외침 소리가 들리더니 곧이어 여자가 우는 소리가 들렸다. 여자는 그 남자에게 값비싼 옷을 입히고 침상에 눕히더니 다시 잠자리에 들었다. 또다시 한 남자에게 그녀를 향한 강한 욕망이 치밀었다. 그 남자는 몇 번 일어나는 듯하다가 다시 주저앉기를 반복하다가 결국 여자한테 갔다. 몇 분 뒤 또다시 사람이 죽어 가는 소리가 들렸고 여자가 곡을 했다. 그런 다음 여자는 그에게 옷을 지어서 입히고 이렇게 말했다.

"당신들은 네 사람이었고 나는 나한테 다가오면 안 된다고 경고를 했잖아요. 보시다시피 두 사람이 이미 죽었어요.

그래서 또 한 번 말하지만 저와 성교를 하는 것은 위험해요."

이 말에도 불구하고 남은 사람 중 한 명이 침상에서 일어나서 붉은 숫돌 조각을 자루에서 꺼내 예비용으로 들고 여자한테 갔다. 그런 다음 무엇인가가 딱 하고 부러지는 소리가 들렸다. 여자가 일어나서 불을 지피더니 이렇게 말했다.

"이제 아이누인들이여, 당신들에게 감사드려요. 내 질 속에 있던 이빨들이 부러져서 빠졌어요. 너무 감사해요."

그런 다음 값비싼 긴 칼 두 자루를 죽은 사람들과 나란히 놓고 값비싼 옷을 입히고 이렇게 말했다.

"당신들께 죄를 지었어요. 길을 잃은 아이누인 네 명 중에서 당신들 두 분만 남았군요. 그래서 이 값비싼 물건들을 드려요. 고향 마을로 돌아가시면 죽은 사람들의 무덤에 넣지 말고 내 물건들을 오랫동안 보관하면서 자손들에게 그들에 대해 이야기해 주세요. 이제 해변에 있는 당신들의 배로 가서 당신들의 친구 시신을 뉘어요. 그런 다음 당신들은 배를 타고 노를 저으세요. 멀리 떠나가면 물이 산보다 더 높은 곳이 있을 거예요. 그 산자락 옆에 우리 마을이 있어요. 만약 당신들이 그 마을 쪽을 쳐다본다면 땅에서부터 하늘까지 닿은 내 모습을 보게 될 것이에요. 그래서 해변 쪽으로 가면 고향 마을에 도착하게 될 거예요."

한 아이누인은 노를 젓고 다른 한 명은 키를 잡았다. 멀리 저어 가자 정말로 마을과 산이 바다 표면보다 더 높게 보였다. 그런 다음 어두워졌다. 다음 날 여자의 마을 쪽을 쳐다보니 해변에 서 있는 그녀가 구름까지 닿아 있는 것이 보였다. 곧 그들은 고향 마을에 도착했다. 죽은 사람들을 해변으로 끌어내서 그들에게 다른 옷을 입히고 자신들이 가져온 옷과 값비싼 물건들은 감춰 두었다. 친구들을 무덤에 묻을 때 다른 값비싼 물건들을 함께 넣었다. 그들이 가져온 물건들에 대해서는 자손들에게 이야기해 주었으며 다음 세대에 전해 주었다. 그렇게 세상이 존재하는 한 끝까지 서로에게 알려 줄 것이다.

곰 축제

한 마을에 아이누인들이 곰 축제를 준비하고 있었다. 한 사람만 그들을 도와주고 싶지 않아서 숲으로 사냥을 나섰다. 그는 흑담비와 수달의 발자국만 보여도 활덫을 수없이 놓았다. 마을에서는 이미 곰 두 마리를 끌어내서 죽였고 여러 곳에서 모여든 사람들은 각자의 마을로 모두 흩어졌는데 우리의 사냥꾼은 숲에서 그가 만든 바라크에서 지내고 있었다. 어느 날 그는 밖에서 누군가의 대화 소리를 들었다. 바라크에서 나왔는데 전에 본 적이 없는 남자와 여자, 이렇게 낯선 두 사람이 서 있는 것을 발견하게 되었다. 그 사람들은 자신들의 짐을 나무에 걸쳐 놓고 바라크로 들어갔다. 바다 쪽에서 온 사람은 바라크의 주인에게 물었다.

"당신은 이미 털짐승을 얼마 동안 사냥했으니 아마도 흑담비를 많이 잡았겠군요?"

주인은 흑담비 한 마리도 잡지 못했다는 사실을 인정해야만 했다.

그러자 바다 쪽에서 여자와 함께 온 사람이 이렇게 말했다.

"만약 마을에서 사육한 곰을 죽이려고 할 때는 그 마을 사람들은 사냥에 나서면 안 되오. 당신은 내가 사람이라고 생각하시오? 아니오. 나는 사람이 아니오. 나는 당신의 마을에서 사육된 곰이오. 지금도 나는 당신에게 불만이오. 여러 마을에서 아이누인들이 모여들었고 나와서 어떻게 나를 끌어내는지 보았는데, 당신은 내가 나오기도 전에 여기로 와서 내가 가야 될 곳마다 덫활을 놓았고 내가 갈 길을 망쳐 놓았소. 이제 덫활을 모두 거두어서 어서 마을로 돌아가시오."

그렇게 사냥꾼을 꾸짖고 바다 쪽에서 여자와 함께 온 사람은 밖으로 나갔다. 그들은 다시 짐을 들고 어깨에 걸쳐 메더니 강 쪽으로 멀리 떠났다. 사냥꾼은 서둘러 가서 덫활을 모두 거두고 자신의 마을 집으로 돌아갔다. 여기서 그는 마을 사람들에게 축제 준비를 도와주는 걸 원치 않았기 때문에 곰에게서 꾸지람을 들었다는 이야기를 해 주고는 곧 죽어 버렸다.

그래서 이때부터 곰을 끌어내 죽이려고 하는 곰 축제가 있는 마을에서는 그 누구도 사냥에 나서지 않았고 덫활을 숲에 놓아두지 않았다.

'예쁜 얼굴'이라는 이름의 처녀

사할린섬의 테르페니야만(灣)에 있는 파라툰나이 마을에는 예전에 아이누인이 많았는데 많은 수가 죽었다. 그래서 단 한 가족만 남았다. '예쁜 얼굴'이라는 이름의 처녀와 그녀의 친척들이었다. 타라이카 마을 출신의 부자가 그 여자에게 청혼했지만 그녀는 거절했다. 이때 미녀의 친척 일부가 죽어서 파라툰나이 마을에서는 적은 수의 무리로는 살 수가 없었다. 그래서 그녀는 마리루즈샨이라는 곳으로 이사를 가서 거기에 정착했다. 남자들은 아무 곳이라도 아이누인 부락지로 옮겨 갈 것을 주장하기 시작했다. 다른 아이누인들과 함께 사는 것이 불편하면 그들은 파라툰나이라도 다른 곳으로 이주하면 될 것이고 새로운 부락을 세우면 된다는 것이었다. 이런 결론에도 미녀는 여러 가지 구실을 들어서 결혼을 거절했던 사람들과 가까이 사는 것이 싫어서 더 멀리 이주하려고 도망했다. 이 때문에 가족이 모두 테르페니야 마을 너머 오호츠크 해변을 따라 벤나이강 쪽으로 멀리 이사를 해서 거기에 집을 지었다. 그들은 말린 생선을 많이 준비했고 겨울에는 토굴집으로 살러 이사했다. 근처 마을 차무키에서 우칸루라는 이름의 아이누 남자가 미녀에게 청혼을 했지만 그도 다른 사람들보다 더 행운이 따르지는 않았다. 그는 불같이 화를 내며 집으로 돌아왔다. 악의는 그에게 복수할 방법을 깨우쳐 주었다. 빈번하게 겨울 눈보라가 일던 어느 날 우칸루는 벤나이강에 있는 아이누인들의 여름 집으로 출발했고 보통 저장 식료품이 든 창고를 받치는 말뚝을 도끼로 찍어 부숴 버렸다. 창고는 무너졌고 완전히 파괴되어 버렸다. 눈보라는 열흘간이나 계속되었다. 벤나이강 사람들은 토굴집에서 나올 수가 없었다. 날씨가 잦아들고 밝아졌을 때 그들은 먹을 것을 가지러 출발했는데 완전히 무너져 버린 창고를 발견하게 되었고 그 안에는 무엇 하나 남아 있지 않았다. 여우, 흑담비, 여러 맹수들이 저장 식료품을 모두 먹어 치우고 헤쳐 놓았던 것이다. 봄까지는 아직 멀었기에 우리의 벤나이강 아이누인들은 굶주리기 시작했다. 굶주려 죽을 것을 예감해서 아이누인들은 가장 좋은 옷을 입고 여자들은 구슬 목걸이와 값비싼 장식품을 하고 서로를 껴안고 판자 침대에 모두 함께 누워서 그렇게 죽었다. 형은 동생 우칸루에게 그가 비록 미녀에게 거절당했지만 벤나이강의 아이누인들을 방문하라고 말했다. 우칸루는 가야만 했고 벤나이 강변에서 굶어 죽은 사람들의 송장만을 발견했다. 그 소식은 타라이카 마을까지 전해졌고 미녀의 친척들은 어느 날 '예쁜 얼굴'의 가족이 죽었다는 소문을 확인해 보려고 벤나이강으로 사냥을 나섰다. 그들은 벤나이 강변에서 숲 가장자리에 두 개의 아궁이에 솥이 걸린 허물어진 집 한 채를 보게 되었다. 130～150년 가까이나 전해 내려오는 사건에 대한 전설이다.

그래서 지금도 노인들은 젊은이들에게 여자들의 말은 절대로 들어서는 안 되며 여자들의 말을 듣고 의사를 바꾸어서는 안 된다고 가르치고 있다. 예로부터 이런 일은 위험하다고 여겨진다.

두 남자

두 남자가 살고 있었다. 그들에게는 아내가 없었다. 남자들은 결혼을 해서 밥을 해 주고 상을 차려 줄 아내를 찾으려고 여러 번 생각했다. 어느 날 그중 한 남자가 해변을 걷다가 부싯돌을 발견하여 들어 올렸다가 땅바닥에 던져서 아름다운 여자를 만들었다. 그는 기뻐하며 집으로 돌아왔다. 형은 동생에게 그렇게 어여쁜 아내가 생겼다고 부러워했다. 형은 해변으로 가서 거기서 부싯돌을 쳐서 불꽃을 내어 그 불꽃 심지로 여자를 만들었는데 전에 동생이 만든 여자보다 훨씬 예뻐서 그 여자와 결혼했다. 여자를 집으로 데려왔는데 형은 너무나 좋아서 똑바로 여자를 쳐다볼 수도 없었다. 밤이 되자 그들은 여자들과 함께 모두의 행운을 기뻐하면서 한동안 잠이 들 수가 없었다. 아침에 동생이 불을 지피기 시작하자 불꽃에서 만들어진 여자는 단번에 타 버렸다. 두 형제는 여자가 너무 불쌍해서 밖으로 나왔지만 이미 여자는 재가 되어서 곧 죽어 버렸다. 부싯돌 여자만 남았다. 그 여자는 사는 게 심심했다. 여자는 집에서 나가 해변을 걸어 다니다가 돌아오곤 했다. 어느 날 해변을 거닐다가 땅에 걸려 넘어졌고 돌로 변해 버렸는데 곧추선 바위가 되었다.

어느 마을에서

어느 한 마을에 수많은 사람들이 있었다. 그들은 모든 것을 가지고 풍족하게 살고 있었다.

그런데 갑자기 사람들이 죽어 가기 시작했다. 연달아 사람들이 죽었다. 왜 그런지는 아무도 몰랐다.

그리고 이 마을에 한 부유한 사람이 도착했다. 그는 이나누피리카라는 처녀와 결혼하고 싶다고 했다. 그러나 처녀는 그를 거절했다.

그러자 모욕을 당하고 분노가 치민 부자는 자기 마을로 돌아가 버렸다.

그러자 이 마을에서 사람들이 또다시 죽어 가기 시작했다.

이나누피리카는 말했다.

"여기를 떠나야만 해요. 그러지 않으면 모두가 죽을 거예요."

사람들은 그 말을 듣고 해변으로 떠났다. 거기서 사람들은 새 집을 지었다. 그러나 자기 민족들로부터 멀리 떨어지자 외로워졌다. 사람들은 이렇게 생각하기 시작했다. '다른 마을들도 있을 거야. 거기로 가서 산다면 모두가 좋아

질 거야.'

물론 사람들은 진실을 말하는 것이었다.

그러나 그 부자를 거절했던 이나누피리카는 예전 마을로 돌아가는 것을 반대했다. 그리고 대화를 통해서 그 처녀는 모두를 굴복시켰다. 그렇게 처녀는 오랫동안 아름답게 이야기할 줄 알았다.

그 후에 사람들은 먹을 것을 많이 저장했다. 겨우내 먹도록 충분해야 했기 때문이다.

이때 이 마을에도 그 부자가 다시 찾아와서 또다시 이나누피리카를 자신의 아내로 삼길 원했다. 그러나 처녀는 이번에도 그를 거절했다. 게다가 이렇게 말하기까지 했다.

"더 이상 당신을 만나고 싶지 않아요!"

부자는 완전히 절망했다. 그리고 떠나 버렸다.

겨울에 눈보라가 시작되었을 때 부자는 남몰래 그 마을로 와서 도끼로 창고 기둥을 찍어 버렸다. 창고는 무너졌다. 그는 그 안에 보관했던 고기도, 물고기도 모두 찍어 버렸다.

눈보라가 너무나 심하게 불어닥쳐서 모두가 화덕 옆에 앉아 있었다. 열흘을 눈보라가 휘몰아쳤고 땅속에 묻혔던 집은 모두 눈에 완전히 덮여 버렸다. 눈보라가 끝났을 때 사람들은 겨우 밖으로 나올 수 있었다.

모두가 배가 고팠다. 그런데 창고가 없었다. 오랫동안 창고를 팠더니 음식물의 흔적만 남아 있었다. 여우와 흑담비들이 남은 음식을 모두 먹어 치워 버렸던 것이다. 물론 개들도 그들을 도왔다.

그러자 그들은 또다시 이렇게 말하기 시작했다.

"여기서 떠나야만 해요. 다른 마을로 가서 우리 민족에게 가야만 해요. 어쩌면 모든 사람들이 다 도착하지 못할 수도 있겠죠. 그래도 여기 남는다면 모두가 죽을 거예요."

그러자 이나누피리카가 말했다.

"아니에요. 아무 데도 가면 안 돼요. 우리는 여기서 살아요."

이번에도 그녀가 모두를 굴복시켰다.

그러나 차라리 죽는 편이 나았다. 먹을 것이 아무것도 없었기 때문이다. 허약해진 사람들은 함께 토굴집에 모였다. 여자들은 비단 가운을 입고 죽은 사람들을 치장하듯이 구슬로 치장을 했다. 그렇게 하고 사람들은 함께 잠자리에 들었다. 밤에 누군가가 죽어 갔다.

그런 다음 모두가 죽었다.

이나누피리카도 죽었다.

어느 날 그 부자가 여기에 도착했다. 텅 빈 커다란 솥들과 다 허물어진 집들을 쳐다보았다. 그리고 떠났다.

다른 마을들에서 온 노인들은 이 일에 대해 아이들에게

이야기해 주었고 그 아이들은 자신의 아이들에게 이야기했다. 여자의 말에 굴복하면 안 된다는 이유에서 이야기해 주는 것이었다.

각자는 각자의 이성이 있다.

그것이 한 마을에서 있었던 일이다.

해 설

이 책에 소개되는 아이누인의 설화는 전설과 민담을 포함하여 총 스물세 편이다. 그중에서 마법담은 일곱 편으로 <서로 닮은 사람들>, <달 사람>, <부엉이의 결혼>, <세 자매>, <처녀와 악마>, <눈 남자>, <치시포>다. <서로 닮은 사람들>은 1인칭 서술자 '나'가 주인공으로 등장하는 이야기다. 이야기 속의 나는 약혼녀를 찾아 다른 마을로 갔는데 거기서 나로 변신한 바다의 신을 만나 싸움을 하게 되었고 결국 나는 바다의 신을 이기고 선물을 받아 약혼녀와 결혼한다. 한국의 도깨비 설화와 유사하다. <달 사람>은 한국의 '밤에 찾아온 사나이'와 유사한 내용이다. 나는 누이와 함께 살고 있었다. 그런데 어느 날 갑자기 누이가 사라지게 되고, 누이를 찾아 달로 간 나는 거기서 달 사람과 함께 살고 있는 누이를 발견하게 된다. 나는 달 사람의 여자애를 데리고 땅으로 와서 결혼해서 살게 된다. <부엉이의 결혼>에서는 한 부엉이가 인간 처녀에게 반해 그 처녀와 결혼하고 싶어 한다. 하지만 오빠 야이레수포가 이를 반대한다. 결국 부엉이는 마법을 써서 사람으로 변해 그 처녀와 결혼해서 살게 된다는 이야기로 한국의 '구렁덩덩신선비'와 아주 유사하다. <세 자매>는 '여우 누이'와 내용이 상당히 비슷하다. 세 자매가 한 아이를 주워서 키우려고 했는데 그 아이는 악마로 밝혀졌고, 세 자매는 꾀를 내어 악마를 물리치고 잘 살게 된다. <처녀와 악마>는 '지하국 대적 퇴치 설화'와 유사한 내용으로 영웅담으로도 볼 수 있고 마법담으로도 분류할 수 있는 설화다. 내용은 한 처녀가 여러 가지 물건과 식물과 동물로 변하여 악마를 물리치고 악마의 세계로 가서 그 악마의 고기를 다른 악마들이 먹게 해서 악마를 모두 죽게 만든다는 것이다. <치시포>는 변신 설화로 분류할 수 있는데, 특이하게 동성애에 대한 경고를 담은 이야기다. 한 남자가 치시포를 만나 그를 집 안으로 들인다. 그 남자가 아내를 매우 때리자 아내는 아들을 두고 도망친다. 아내는 물범으로 변해 아들을 만나러 오지만, 남자에게 발각되고 결국 그 남자는 치시포를 내쫓고 아내를 집으로 데려온다는 내용이다. <눈 남자>는 '구렁이 신랑'과 유사한 점이 많다. 한 남자가 한 여자의 집에 들어와 살게 되었고 그들은 결혼했다. 그런데 그 남자는 집을 나가서 녹아 버렸는데, 알고 보니 그는 눈 남자였다는 이야기다.

동물담은 다섯 편이 실려 있다. <흑담비 사냥에서>, <젊은 까마귀>, <가자미와 망둥이>, <세 남자>,

<쥐>다. <흑담비 사냥에서>의 내용은 이렇다. 사냥을 나갔던 '나'는 많은 사냥물을 가지고 거처로 돌아온다. 그런데 아내로 변신한 암곰이 허기진 내게 먹을 것을 주어서 나는 맛나게 먹었다. 하지만 알고 보니 그 암곰이 사냥도 도와준 것이었다. 이러한 내용을 참조할 때 <흑담비 사냥에서>는 한국의 의호(義虎) 설화와 유사하다. <젊은 까마귀>는 한국의 '어리석은 호랑이'를 떠올리게 하는 이야기다. 젊은 까마귀가 어미 까마귀의 말을 듣지 않고 아무것이나 먹다가 홍합에게 물려서 결국 죽게 되었다는 내용으로 어른들의 말을 듣지 않는 어리석음을 깨우쳐 주는 설화다. <가자미와 망둥이>는 가자미와 망둥이가 살았는데 가자미는 카칸의 딸을 사랑해서 그녀의 바가지 안에 몸을 숨겨서 그 처녀의 집으로 간다. 후에 가자미는 카칸의 딸과 결혼하고 망둥이 옆집에서 행복하게 산다는 내용인데, 한국의 '바보 사위' 설화와 유사하다. <세 남자>는 응보 설화의 일종이다. 벙어리장갑, 바지, 새가 함께 살았는데 벙어리장갑만 곰과 바다사자와 용감하게 싸워 그 고기를 친구들과 나누었다. 그러나 바다사자 위주머니를 창고에 올리다가 화가 나서 떨어뜨리게 되어 셋 다 죽게 된다는 내용으로 연대의식과 공동체 정신을 강조하는 이야기다. <쥐>는 '어리석은 호랑이' 계열의 설화다. 쥐가 썰매에 들쥐를 매고 사람

들의 집에 갔다가 잡혀서 죽을 뻔했다가 도망쳤지만 결국 다른 집에 들어가 국에 빠져 죽는다는 내용이다.

일상담은 네 편으로 <화가 나서 싸운 이야기>, <바다사자>, <세 남자>, <산노이페 여자>다. <화가 나서 싸운 이야기>는 응보 설화의 일종으로 한 아이누인이 오로크인들에게 갔다가 홀대를 받고 돌아오자, 그 이야기를 듣고 분노한 아이누인들은 오로크인들을 죽이게 되고 오로크인들도 또다시 복수하게 된다. 그렇게 싸우다가 결국 두 민족은 오해를 풀고 화해한다. <바다사자>는 부모를 여의고 형과 함께 살던 '내'가 바다사자가 너무 보고 싶다고 형에게 조르자 형이 '나'를 데리고 바다사자를 보러 갔다가 '나'를 그 섬에 버려서 나는 결국 가난하게 살게 되었다는 이야기다. <세 남자>는 '말자 성공 설화'의 일종이다. 세 형제가 살았는데 백조를 사냥하러 갔다가 막둥이가 사냥한 백조를 훔쳐 가는 노파를 뒤따라가서 그곳에서 신붓감을 데려와서 세 형제 모두 결혼해 잘 살게 되었다는 내용이다. <산노이페 여자>는 한국의 '처첩 쟁총 설화'와 유사하다. 한 여자가 악마가 무서워 다른 마을로 가게 되고 거기서 한 노파를 만나 살다가 한 남자의 눈에 띄게 된다. 그 남자는 결국 늑대였던 자기 아내를 죽이고 그 여자를 아내로 맞아 노파와 함께 셋이서 살아간다.

영웅담으로 분류할 수 있는 설화는 두 편으로 <두 자루

의 칼>과 <물범의 섬>이다. <두 자루의 칼>은 세 형제 중에서 막내가 괴물을 물리치고 집안의 가보인 두 자루의 칼을 갖게 된다는 이야기로 우리나라의 말자 성공 설화와 같은 유형의 민담이다. 이 이야기는 '세 개의 병 설화'나 '강도를 퇴치한 젊은이' 설화와도 유사성을 보인다. <물범의 섬>은 할아버지와 살던 '내'가 사냥을 하러 물범 섬에 갔다가 한 사람을 만나게 되고 그가 괴물과 싸워서 이기고 '나'에게 물범을 선물해 주었다는 이야기다.

전설로 분류될 수 있는 설화는 다섯 편인데, <다섯 명의 아이누인>, <곰 축제>, <'예쁜 얼굴'이라는 이름의 처녀>, <두 남자>, <어느 마을에서>다. <다섯 명의 아이누인>은 한 여인에게 선행을 베풀어 보물을 얻은 아이누인 이야기다. 다섯 명의 아이누인이 한 여자의 집에 머물게 된다. 그 여자는 질 속에 나쁜 이빨이 있어 동침한 사람이 모두 죽는다. 한 아이누인이 그 이빨을 없애 주고 보답을 받는다. 한국의 '구미호와 여의주'라는 설화와 유사성을 가진다. <곰 축제>는 공동체 의식과 씨족 내의 연대의식을 강조한 응보 설화의 일종이다. 한 아이누인이 마을에서 곰 축제를 준비하는데 돕지 않고 숲으로 가서 덫활을 놓는다. 그 후에 곰들이 와서 그를 꾸짖었고 그는 마을로 돌아가서 자신이 잘못한 사실을 인정한 후 바로 죽는다. <'예쁜 얼굴'이라

는 이름의 처녀>는 인물 전설로 분류될 수 있는데, <어느 마을에서>와 아주 유사한 내용을 담고 있다. 두 설화 모두 오만한 처녀에 대해 경고하는데, '예쁜 얼굴'이라는 한 처녀는 콧대가 세서 결혼을 하지 않겠다고 여러 번 거절해서 남들에게 원성을 사게 되고, 결국 우칸루라는 남자가 원한을 품고 아이누족의 저장고를 부숴 버려서 그 처녀의 친척들은 굶어 죽었다는 이야기다. <두 남자>는 유물 전설로 한국의 '장수바위'와 유사성을 지닌다. 두 남자가 부싯돌 여자와 불꽃 여자를 만들어서 결혼했다. 불꽃 여자는 곧 다 타 버렸고, 부싯돌 여자는 해변을 거닐다가 넘어져서 바위로 변했다는 내용의 설화다. <어느 마을에서>는 응보 설화로 분류할 수 있는데, 이나누피리카라는 처녀한테 한 부자가 계속 청혼을 하지만 거절당하자 그 부자는 그 마을 사람들의 음식 저장 창고를 부숴 버려서 그 마을 사람들이 모두 굶어 죽게 된다는 내용으로 처녀의 오만함을 경고하는 내용이다.

아이누인의 기원

아이누란 아이누어로 '사람' 또는 '진정한 사람'을 뜻하는 말이다. 아이누인은 러시아의 사할린, 쿠릴 열도, 일본의 홋카이도 등지에 분포하는 소수민족으로 그 기원은 현재까지도 불분명하다. 17세기에 아이누인을 만났던 유럽인들은 그 외모에 적잖이 놀랐다고 전한다. 그들이 알던 얼굴 윤곽이 뚜렷하지 않고 얼굴에 털이 별로 없는 몽골로이드(Mongoloid)계 사람들과는 달리, 아이누인들은 얼굴 윤곽이 또렷하고 눈에 쌍커풀이 있으며 코가 오뚝했기 때문이다. 얼굴에는 턱수염과 콧수염이 많고 머리털이 풍성했으며 몸에는 털도 많았기에 외모는 백인종을 많이 닮아 있었지만 피부는 거무스름했다. 게다가 아이누인들은 온순 기후 속에 살고 있으면서도 여름에는 허리에서 대퇴부까지 오는 띠만 착용했으며 적도 주변 나라들의 주민들과 풍습이 유사했다. 그래서 적도 지역에서 일본 섬으로 흘러들어간 민족이라는 설도 있다. 그러나 아이누인을 백인종(캅카스 인종)으로 분류하는 학자들도 있었으며 시베리아 쪽에서 유래한 민족이라고 보는 시각도 존재했지만 아직까지도 그 유래는 확실히 밝혀진 바가 없다. 일본 섬들에 아이누인이 등장한 것은 기원전 13,000년경으로 알려져 있으며 신석기시대 문화를 일구며 정주하게 되었다.

그 이후로 15~18세기까지만 해도 아이누인은 캄차카 반도의 남부, 홋카이도, 사할린 남부, 일본 혼슈 동북부 지역까지 널리 분포하고 있었다. 그리고 홋카이도에서 사할린의 북쪽이나 아무르강 유역, 캄차카 반도까지 교류하며 교역을 했다. 그래서 아이누인은 주거지에 따라 홋카이도 아이누와 사할린 아이누, 쿠릴 아이누로 나뉜다. 사할린과 쿠릴 열도의 아이누인은 북방 민족이나 러시아의 영향을 많이 받았기 때문에 홋카이도의 아이누인과는 문화적 차이를 나타내며, 강제 이주 등으로 오늘날에는 거의 존재하지 않는다. 쿠릴 열도 아이누인은 쿠릴 열도의 남북을 오가며 교역을 했는데, 이 지역이 1711년 이래 러시아의 지배 아래 놓여 있었으므로 이곳의 아이누인은 상당 부분 러시아의 풍속을 받아들였다. 사할린 아이누인의 삶도 러시아와 일본의 정치적 영향에 따라 커다란 변동을 겪었으며, 제2차 세계대전에서 일본이 패망하자 다시 홋카이도로 강제 송환되는 등 부침을 겪지만, 사할린 남부에는 아직도 적은 수이긴 하지만 아이누인들이 남아 있다.

아이누인의 의식주

아이누인들은 농사를 짓지 않고 주로 채집, 어로, 사냥을 하며 생계를 꾸렸다. 그래서 아이누인들에게 가장 중요한 것은 자연 환경과 군집 생활 속에서 균형을 유지하는 것이었다. 즉 사냥하고 채집하고 어로 생활을 같이 할 수 있도록 집단을 형성해야 하지만 주변 자연 환경에서 얻을 수 있는 생계 수단은 한정되기에 너무 많은 사람들이 모여 집단을 이룰 수는 없었다. 그래서 아이누인들은 한 번도 대규모 마을을 이루어 생활한 적이 없었으며, 기본적 사회 단위는 아이누어를 기반으로 하여 한 마을이나 어느 한 강 주변에 거주하는 사람들로 구성된 소집단이었다. 또한 그런 경제 생활과 문화를 유지하기 위해서는 상당히 넓은 자연 공간이 필요했기에 아이누인 마을들은 서로 멀리 떨어져 위치해 있었다.

아이누인은 '코탄(котан)'이라고 불리는 작은 마을을 이루고 살았다. 그런 마을들은 강가나 바닷가 등 물이나 식재료를 얻기가 용이한 곳에 형성되었다. 한 마을에는 열 가구 정도가 모여 살았다. 아이누인은 마을 주변에서 사냥을 하고 물고기를 잡고 나무 열매 등을 채집하여 생활했다. 아이누어로 집은 '티세(тисэ)'라고 불리는데 면적이 약 20~100제곱미터였다. 아이누인 마을 주민들은 티세(집)를 주변에서 손쉽게 구할 수 있는 재료를 이용해서 함께 지었다. 물푸레나무 등 단단한 나무로 만든 지지대를 세우고 갈대나 억새 등을 사용해서 지붕과 벽을 만들었다. 어떤 자료를 보면 나뭇가지나 코르크나무의 껍질을 사용했다고도 한다. 티세를 만들 때는 못을 사용하지 않았고 포도나무 줄기나 보리수나무 내피 등으로 만든 끈을 사용했다.

티세의 입구에서 멀지 않은 곳, 집 안 한가운데에 아궁이가 있었다. 아궁이는 난방과 요리를 위해 기능할 뿐만 아니라 아이누인의 전통 신앙에서도 중요한 역할을 했다. 불을 신성시하는 아이누인들은 아궁이 옆에서 다양한 제의 의식을 하기도 했기 때문이다. 티세에는 보통 창문이 두세 개 있었다. 동쪽 창문이 중요한 의미를 가졌는데 그 창문을 통해서 신이 출입한다고 믿었기 때문이다. 그래서 아이누인들에게는 그 창문을 통해 집 안을 들여다보는 것이 금기 사항이었다. 또한 아이누인들에게는 집 안에서 누가 어디에 앉고 어디서 자는지가 확실히 정해져 있었다. 가령 상석은 입구의 맞은편 동쪽 창문 아래였기에 평소에는 가장의 자리였고, 귀한 사람이나 연장자가 왔을 때 그 자리에 앉았으며, 집안사람들과 손님 등은 그 오른쪽과 왼쪽에 자리했다.

티세 주변에는 겨울용 음식물을 저장하거나 육류와 어류를 건조하기 위한 창고가 있었고 잡아 온 곰 새끼들을 위한 동물 우리가 있어서 축제나 제의에 쓸 곰 새끼를 키웠다. 또한 남성과 여성용 화장실이 따로 존재했다. 마을 옆에는 항상 깨끗한 물을 얻을 수 있는 우물이나 샘물이 있었고 배를 건조하기 위한 곳도 따로 마련되어 있었다.

아이누인의 전통 의상은 그들의 거주 지역 주변에서 쉽게 얻을 수 있는 재료로 만들어졌다. 동물 가죽이나 물고기 껍질 외에도 느릅나무, 보리수나무 등 다양한 나무의 내피, 쐐기풀 등의 줄기 등도 의복 재료로 활용했다. 또한 아이누인의 삶에서 동물들은 매우 중요한 역할을 담당했는데, 이들은 고대로부터 모피로 옷을 해 입었으며 고기는 음식으로 먹었고 뼈와 말린 힘줄 등은 식기를 만들거나 장식품으로 사용했다. 아이누인은 일을 하는 동안에는 손이나 발을 보호하기 위해 각반이나 장갑 대용품을 만들어서 사용했으며 여름에는 나무껍질을 이용한 신발을 신고 겨울에는 사슴가죽 등으로 지은 신발을 신었다.

아이누인의 식생활 재료는 고대에는 들이나 산에서 사냥한 들짐승과, 강이나 바다에서 잡은 물고기 등이 주를 이루었다. 겨울을 제외한 시기에 아이누인은 나무 열매를 따거나 다양한 약초를 채집했기에 굶주리는 일은 거의 없었다. 물고기 중에서 연어는 특히 중요한 식재료이자 다른 민족들과의 교역품이었는데 가을철에 대량으로 잡아 훈제를 하여 보관했다. 그러나 바다나 호수 근처에서 사는 아이누인의 삶의 방식은 조금 달랐다. 그들은 다람쥐, 토끼 등뿐만 아니라 큰사슴이나 곰 같은 대형 동물도 포획했고 들꿩, 참새, 어치 등의 조류도 사냥했다. 주로 활과 화살로 사냥을 했으며 덫 등의 사냥 도구를 이용하기도 했다. 또한 자동 화살과 같은 전문 사냥 도구를 설치해서 짐승을 잡기도 했다. 아이누인은 보통 하루에 아침과 저녁 두 끼 식사를 했다. 동물 비계로 기름을 만들어 두었다가 그 기름과 소금을 넣은 수프나 죽을 요리해서 주로 먹었다. 고기뿐만 아니라 내장이나 머리 등도 활용하여 다양한 조리법으로 음식을 해 먹었다. 겨울에는 사냥한 곰이나 사슴 고기, 낚시로 잡은 물고기를 훈제하거나 말려서 보관했다.

아이누인의 종교와 전통 신앙

아이누인의 종교는 애니미즘과 토테미즘이 기본을 이룬다. 아이누인은 특히 곰을 숭배했다. 그래서 '곰 제사'와 '곰 축제' 문화가 아직까지도 현존하고 있다. 또한 고래, 특히 범고래신은 바다의 신 중에서 가장 중요시되었다. 아이누인에게 곰신, 얼룩올빼미신, 범고래신은 각각 육(陸), 공(空), 해(海)의 동물신 중에서 가장 중요한 신이라고 여겨졌다. 그리고 이런 동물들을 다시 신들의 세계로 돌려보내는 의례가 예로부터 행해졌다. 또한 이와 같은 의례에 반영되는 애니미즘에는 타계관이나 재생의 관념도 수반되고 있다. 가령 곰 제사는 곰신을 신의 세계로 되돌려 보내기 위해서 행해지는 것인데, 곰신을 정중하게 대접하는 주연이다. 곰신으로 가장한 사람이 모피나 고기 등의 음식을 몸에 붙여 치장하는데, 그 곰신을 잘 대접하고 선물을 줌으로써 천계로 올라갔다가 다시 인간계를 방문하라는 소망이 담긴 제사다(곰 제사에서 곰신, 즉 곰의 영적 존재는 곰의 두 귀 사이에 안좌하고 있다고 믿었다). 이와 동일한 관념체계는 다른 동물신에 대한 의례에도 수반되며, 식물, 기구, 도구 또는 자연현상 등 매우 넓은 사물에도 영적 존재가 머물러 있다고 생각되었다.

아이누인은 장사를 지낼 때 고인의 부장품은 그 영적 존재가 사자의 영과 함께 타계하도록 파괴하거나 상처를 내었다. 또한 사용할 수 없게 된 물건 등은 집 밖의 제단 한 곳에 두고, 그들의 영적 존재를 타계시키는 의례도 행해졌다. 선사시대의 패총이나 골총도 이와 같은 아이누인의 관념에 따른 의례의 장이었다고 생각하는 주장이 현재 유력하게 제기된다.

아이누인에게는 샤머니즘도 폭넓게 퍼져 있다. 아이누 샤먼은 남자나 여자가 모두 가능했다. 그들은 병을 치료하고, 정신적인 고통을 낫게 하고, 길흉을 점쳤다. 신들 중에는 선신과 악신이 있으며, 선신이라도 특별히 중시되는 신과 별로 중요시되지 않는 신이 있다. 많은 제사에서 가장 존중되는 신은 불의 신이다. 우주는 천상계, 지상계, 지하계의 세 개 층으로 나뉘고, 천상계가 신들의 세계, 지상계는 인간의 세계, 지하계는 귀신들이나 괴물, 악귀들이 사는 세계다.

한국에 소개되는 아이누인의 설화 스물세 편을 통해서 한국인이 아이누인의 독특한 세계관과 전통 문화를 이해하고 러시아 시베리아 소수민족의 삶과 역사에 좀 더 관심을 기울이는 데 일조하기를 바라본다.

옮 긴 이 에 대 해

안동진은 한국외국어대학교 노어과와 동 대학원을 졸업했으며, 이반 투르게네프에 대한 논문으로 박사학위를 받았다. 논문으로는 <이반 촌킨, 그 뒤섞인 세계> 등이 있으며, 역서로는 ≪체호프 아동 소설선≫(2014), ≪북아시아 설화집 2(한티족, 만시족)≫(2015), ≪돌간인 이야기≫(2017) 등이 있다. 현재 학생들과 글 쓰는 방법을 함께 공유하고 있으며, 러시아와 캅카스 소수민족의 삶과 문화에 대한 글을 발표하고 있다.

아이누인 이야기

작자 미상
옮긴이 안동진
펴낸이 박영률

초판 1쇄 펴낸날 2018년 11월 13일

지식을만드는지식
02880 서울시 성북구 성북로 5-11 (성북동1가 35-38)
전화 (02) 7474 001, 팩스 (02) 736 5047
출판등록 2007년 8월 17일 제313-2007-000166호
전자우편 zmanz@commbooks.com
홈페이지 www.commbooks.com

ZMANZ
5-11, Seongbuk-ro, Seongbuk-gu, Seoul, 02880, KOREA
phone 82 2 7474 001, fax 82 2 736 5047
e-mail zmanz@commbooks.com
homepage www.commbooks.com

ISBN 979-11-288-3166-9
979-11-288-3167-6(큰글씨책)
979-11-288-3168-3(PDF 전자책)

책값은 뒤표지에 있습니다.

문학

한국 ≪포의교집≫ 외
중국 ≪서상기≫ 외
일본 ≪바다에서 사는 사람들≫ 외
아시아 ≪물고기 뼈≫ 외
고대 그리스 ≪히폴리투스≫ 외
영국/미국 ≪빨래≫ 외
독일 ≪길쌈쟁이들≫ 외
프랑스 ≪홍당무≫ 외
스페인 ≪위대한 술탄 왕비≫ 외
러시아 ≪유리 나기빈 단편집≫ 외
유럽 ≪로칸디에라≫ 외
아프리카 ≪아딜리와 형들≫ 외
중남미 ≪네루다 시선≫ 외
퀘벡 ≪매달린 집≫ 외

예술

미술 ≪예술에 관한 판타지≫ 외
연극 ≪풍자화전≫ 외

한국문학선집

한국문학의 어제와 오늘을 총정리하는 사상 초유의 기획

초판본 한국소설문학선집
한국 근현대문학 120년, 대표 작가 120명의 작품집 101권

초판본 한국시문학선집
한국 근현대문학 120년, 작고 시인 101명의 작품집 99권

한국문학평론선집
한국 대표 문학평론가 50인의 평론집 50권

한국수필문학선집
한국 대표 수필가 50인의 수필집 50권

한국희곡선집
문학성과 공연성이 입증된 한국 대표 희곡 100권

한국 대표 시인의 육필시집
한국 시단을 주도하는 시인들이 직접 쓴 시집 80권

한국동화문학선집
한국 아동문학사에 기록될 동화작가 120명의 작품집 100권

한국동시문학선집
한국 동시의 역사이자 좌표, 동시작가 111명의 작품집 100권

단행본

≪고려 후기 한문학과 지식인≫ 외